DAS

EVANGELIUM LUCAE

ÜBERSETZT UND ERKLÄRT

VON

J. WELLHAUSEN

WIPF & STOCK · Eugene, Oregon

Wipf and Stock Publishers
199 W 8th Ave, Suite 3
Eugene, OR 97401

Das Evangelium Lucae
Ubersetzt und Erklart
By Wellhausen, J.
ISBN 13: 978-1-60608-756-5
Publication date 5/26/2009
Previously published by Druck und Verlag von George Reimer, 1904

I. Lc. 3, 1—4, 15.

§ 1. Lc. 3, 1–20. Q*.

Im fünfzehnten Jahre der Regierung des Kaisers Tiberius, als Pontius Pilatus Landpfleger von Judäa war und Herodes Vierfürst von Galiläa, sein Bruder Philippus aber Vierfürst von Ituräa und Trachonitis, und Lysanias Vierfürst von Abilene, ²unter den Hohenpriestern Hannas und Kaiaphas — geschah das Wort Gottes zu Johannes dem Sohne Zacharias in der Wüste, ³und er kam in die ganze Umgegend des Jordans und predigte die Taufe der Buße zur Vergebung der Sünden; ⁴wie geschrieben steht im Buch der Worte des Propheten Esaias: „eine Stimme ruft in der Wüste: bahnt dem Herrn die Straße, macht ihm die Wege grade, ⁵jede Schlucht soll ausgefüllt und jeder Berg und Hügel geebnet werden, ⁶und alles Fleisch soll das Heil Gottes schauen." ⁷Er sagte nun zu den Scharen, die zu ihm hinauszogen um vor ihm getauft zu werden: Ihr Otterngezücht, wer hat euch gesagt, daß ihr dem drohenden Zorne entrinnen werdet! ⁸Bringt Früchte, die der Buße ziemen! Und fangt nicht an bei euch zu sagen: wir haben Abraham zum Vater; denn ich sage euch, Gott kann aus diesen Steinen Kinder Abrahams hervorbringen. ⁹Schon ist die Axt den Bäumen an die Wurzel gelegt; jeglicher Baum, der nicht gute Frucht bringt, wird abgehauen und ins Feuer geworfen.

¹⁰Und das Volk fragte ihn: was sollen wir tun? ¹¹Er antwortete und sprach zu ihnen: wer zwei Röcke hat, gebe dem ab, der keinen hat, und wer Speise hat, tue ebenso. ¹²Auch die Zöllner kamen, sich taufen zu lassen, und sagten zu ihm: Meister, was sollen wir tun? ¹³Er sprach zu ihnen: treibt nicht mehr ein, als was euch vorgeschrieben ist. ¹⁴Auch

Kriegsleute fragten ihn: was sollen wir hinwiederum tun?
Und er sprach zu ihnen: übt gegen niemand Raub und Er-
pressung. [15]Da aber die Leute voll Erwartung waren und sich über
Johannes Gedanken machten, ob er vielleicht der Christus
wäre, [16]hub Johannes an und sprach zu ihnen allen: Ich taufe
euch mit Wasser, aber ein Stärkerer als ich ist im Kommen,
dem ich nicht wert bin den Schuhriemen zu lösen, der wird
euch mit heiligem Geist und Feuer taufen. [17]Der hat die
Worfschaufel in der Hand, um seine Tenne zu reinigen, und
er bringt den Weizen in seine Scheuer, die Spreu aber ver-
brennt er mit unlöschbarem Feuer. [18]Auch vieles andere verkündigte er mahnend den Leuten.
[19]Herodes aber, da er oft von ihm Vorwürfe zu hören bekam
wegen der Herodias, der Frau seines Bruders, und wegen anderer
Frevel, die er beging, [20]tat ein Übriges und schloß Johannes
im Gefängnis ein.

3, 1. 2. In dem gelehrten Synchronismus findet sich wenigstens
ein genaues Datum, nämlich das 15. Jahr des Tiberius, welches
im Orient von Herbst 28 bis Herbst 29 A. D. gerechnet sein wird.
Es gilt nicht bloß für den Täufer, sondern auch für Jesus. Aber
nur für den Anfang seines Auftretens, nicht auch für sein Ende,
wie eine alte kirchliche Rechnung (duobus Geminis) annimmt. Denn
sonst müßte Jesus schon nach höchstens halbjähriger Wirksamkeit
gekreuzigt sein, Ostern 29. Das ist schwerlich die Meinung des
Lc und steht im Widerspruch zu der Geschichte vom Ährenausraufen
der Jünger, die in den Anfang der galiläischen Periode und in
die Osterzeit fällt. Es wird vielmehr anzunehmen sein, daß Jesus
nach Lc jedenfalls nicht früher als zu Ostern 30 gekreuzigt ist. —
Lysanias wurde schon A. 34 vor Chr. hingerichtet, aber sein Do-
minium behielt seinen Namen (Jos. Bell. 1, 398 und öfters) und
blieb selbständig bis auf Agrippa I. Dadurch wurde Lc zu seinem
Irrtum verführt; den Josephus kannte er nicht. Die Zusammen-
stellung von Hannas und Kaiaphas ist zwar nicht korrekt, aber sehr
begreiflich, da Hannas die Herrschaft behielt, wenn auch sein
Schwiegersohn das heilige Amt inne hatte.

3, 2—6. Den Vatersnamen des Täufers fügt Lc zu, die Be-
schreibung seiner Tracht und Nahrung läßt er aus, das Citat erweitert er.

3, 7—9 wie Mt. 3, 7—10. Die Worte sind bei Lc nicht an die Pharisäer und Sadducäer gerichtet und nicht mit 3, 16. 17 eng verbunden. Über ἐνώπιον αὐτοῦ 3, 7 (D) s. zu Mc. 1, 4. 5.

3, 10—14. Ein gegen die vorhergehende wuchtige Rede merklich abfallender Zusatz, mit eigentümlich griechischen Ausdrücken. Johannes stellt keine hohen Forderungen; auch wo sie über das bürgerliche Maß hinausgehn, reichen sie doch nicht an die der Bergpredigt heran; vgl. 3, 10 mit 6, 29. Darin liegt wol Absicht. Die Soldaten sind jüdische Soldaten des Antipas, der auch über Peräa herrschte; die Zöllner sind ebenfalls Juden. Obwol verschiedene Schichten neben einander aufgeführt werden, werden die Pharisäer und Sadducäer doch auch hier nicht mit genannt; im Gegensatz zu Mt. 3, 7. 21, 32.

3, 15—17 wie Mt. 3, 11. 12. Der motivirende Eingang 3, 15 erinnert an Joa. 1, 19ss. Dies ist nicht die einzige Spur davon, daß Lc den Übergang zu Joa bildet.

3, 18—20. Den Abschnitt Mc. 6, 17—29 läßt Lc aus. Den Tod des Täufers erzählt er überhaupt nicht; die Nachricht, daß derselbe wegen der Herodias gefangen gesetzt wurde, gibt er wegen Mc. 1, 14 schon hier im Anfang. — Das Subst. εὐαγγέλιον findet sich bei Lc so wenig wie bei Joa, dagegen oft das den übrigen Evv. nicht geläufige Verbum εὐαγγελίζεσθαι, welches hier (3, 18) den Täufer zum Subjekt hat. All (3, 19. 21) wird gesagt für ander, wie im Semitischen. Das biblische προσέθηκεν (3, 20) kommt nur bei Lc vor, es wird hier durch das asyndetische κατέκλεισεν ergänzt, sonst durch den Infinitiv.

§ 2. Lc. 3, 21–38.

Es geschah aber, als bei der Taufe des übrigen Volkes auch Jesus getauft wurde und betete, daß der Himmel sich auftat, ²²und der heilige Geist in leiblicher Gestalt wie eine Taube auf ihn herabfuhr und eine Stimme vom Himmel kam: du bist mein geliebter Sohn, dich habe ich erwählt.

²³Jesus war aber [als er anfing] etwa dreißig Jahr alt und galt für einen Sohn Josephs . . . . ³⁸des Sohnes des Enos, des Sohnes Seths, des Sohnes Adams, des Sohnes Gottes.

3, 21. 22. Jesus läßt sich taufen wie die andern; der auch dem Mt und dem Hebräerevangelium unbehagliche Akt wird in einem Nebensatze abgemacht und nur nicht ganz unerwähnt gelassen. Daß der Himmel sich öffnete, ist nicht so sehr Wirkung der Taufe als des Gebetes; vgl. 9, 28. 29. Der Geist wird zum heiligen Geist; dieser findet sich bei Lc häufiger als bei Mc und Mt, und in einer mehr christlichen Bedeutung. In D lautet die Stimme nach Ps. 2, 7: du bist mein Sohn, heute habe ich dich gezeugt. Möglich, daß dies für Lc die echte Lesart ist. Ganz im Sinne der ursprünglichen Überlieferung bei Mc wird damit die Taufe als der Moment bezeichnet, wo Jesus durch den Geist zum Sohne Gottes wird. Aber die Beziehung von Mc. 1, 11 „du bist mein geliebter Sohn" zu Mc. 9, 7 „dies ist mein geliebter Sohn" geht dann verloren. Auch hat ein Citat das Vorurteil gegen sich.

3, 23—38. Wenn man die Angabe, daß Jesus etwa dreißig Jahr alt war, mit dem Datum 3, 1 kombinirt, so wäre er zu Beginn der christlichen Ära geboren. Nach 1, 5 ist er noch unter Herodes dem Großen geboren, der gegen Ostern des Jahres 4 vor Chr. starb. Nach 2, 2 aber erst zur Zeit der Schätzung des Quirinius, die A. D. 6 stattfand. Man hat keinen Grund anzunehmen, daß die Daten 1, 5 und 2, 2 von dem selben Autor stammen, der geglaubt habe, die Schätzung des Quirinius sei womöglich noch zu Lebzeiten oder doch unmittelbar nach dem Tode des alten Herodes geschehen. Denn die Erzählung 2, 1ss. fußt durchaus nicht auf den Voraussetzungen von Kap. 1, sondern beginnt ganz neu, wiederholt, was aus Kap. 1 schon bekannt sein müßte, und läßt von der jungfräulichen Geburt nichts merken. Geht man also von 2, 2 aus und vereint damit 3, 23, so muß man mit dem Tode Jesu hinabgehn bis auf A. D. 35, das letzte Amtsjahr des Pilatus. Vgl. 13, 1—5.

Die Genealogie steht bei Lc nicht in der Vorgeschichte und widerspricht in der Tat wenigstens dem ersten Teil derselben, dem Kap. 1. Denn niemand konnte auf den Gedanken kommen, Jesus als Davidssohn von seiten seines Vaters zu erweisen, der da glaubte, er sei gar nicht seines Vaters Sohn. Darum muß auch das ὡς ἐνομίζετο als Korrektur betrachtet werden. Über die gänzliche Beziehungslosigkeit der beiden Genealogien bei Lc und Mt braucht nichts mehr gesagt zu werden; auffallend ist, daß die beiden unehrlichen Mütter, Thamar und Rahab, von Mt hervorgehoben werden und nicht von Lc, der sonst eine ausgesprochene Vorliebe für so etwas hat. Daß Adam der Sohn Gottes genannt wird, lehrt,

in wie verschiedenartigem Sinn der Ausdruck gebraucht werden
konnte. In 3, 23 fehlt ἀρχόμενος oder ἐρχόμενος in der Syra S.,
vermutlich mit Recht. Zu αὐτός..Ἰησοῦς s. zu Mc. 6, 17; grade
bei Lc erscheint αὐτός häufig im semitischen Sinne, namentlich
καὶ αὐτός.

§ 3. 4. Lc. 4, 1–15. Q*.

Jesus aber kehrte heiliges Geistes voll vom Jordan zurück.
Und er ward durch den Geist in der Wüste umgetrieben
²vierzig Tage lang, und dabei vom Teufel versucht. Und er
aß nichts in jenen Tagen, und als sie zu Ende waren, hungerte
ihn. ³Da sprach der Teufel zu ihm: bist du Gottes Sohn, so
sag diesem Steine, daß er Brot werde. ⁴Und Jesus erwiderte
ihm: es steht geschrieben: nicht von Brot allein lebt der
Mensch. ⁵Und er führte ihn empor und zeigte ihm in einem
Augenblicke alle Reiche der Welt, ⁶und sprach zu ihm: dir
will ich diese ganze Macht [und ihre Herrlichkeit] geben, denn
mir ist sie überlassen und ich gebe sie wem ich will, ⁷also
wenn du mir huldigst, soll sie ganz dein sein. ⁸Und Jesus
antwortete und sprach zu ihm: es steht geschrieben: dem
Herrn deinem Gott sollst du huldigen und ihm allein dienen.
⁹Und er brachte ihn nach Jerusalem und stellte ihn auf einen
Vorsprung des Heiligtums und sprach zu ihm: bist du Gottes
Sohn, so wirf dich hinab von hier, ¹⁰denn es steht geschrieben:
er wird seinen Engeln deinetwegen Befehl geben, dich zu be-
hüten, ¹¹und sie werden dich auf den Händen tragen, daß du
deinen Fuß nicht an einen Stein stoßest. ¹²Und Jesus sprach
zu ihm: es ist gesagt: du sollst den Herrn deinen Gott nicht
versuchen. ¹³Und als der Teufel alle Versuchung erschöpft
hatte, stand er eine Weile von ihm ab.

¹⁴Und Jesus kehrte in der Kraft des Geistes zurück nach
Galiläa, und ein Gerede verbreitete sich durch die ganze Umgegend über ihn, ¹⁵und er lehrte in ihren Synagogen und ward
von allen gepriesen.

Die messianische Hauptversuchung steht bei Lc nicht am Ende,
sondern in der Mitte, so daß dann das ὕπαγε σατανᾶ nicht mehr
paßt, welches übrigens auch hinter 9, 22 fehlt. Der zweifache
Bühnenwechsel wird vermieden. Der Teufel (διάβολος, sonst nur

noch 8, 12) beruft sich erst dann selber auf die Schrift, nachdem
er zweimal durch die Schrift abgewiesen ist; er hebt stark hervor,
daß ihm das Reich der Welt gehöre — wie bei Joa. In 4, 1 ist
der Geist nicht mehr ein von Jesu unterschiedenes handelndes
Subjekt wie in Mc. 1, 12; ἐν τῷ πν. wird vorher erklärt durch
„voll heil. Geistes" und nachher (4, 14) durch „in der Kraft des
Geistes". Die Versuchung scheint nach 4, 2 während der vierzig
Tage durchzugehn, aber nach 4, 3 beginnt sie doch eigentlich erst
am Ende dieses Zeitraums. Mit καὶ τὴν δόξαν αὐτῶν 4, 6 läßt sich
nichts anfangen; vielleicht sind diese Worte an eine falsche Stelle
geraten. Die hebräische Form Ἰερουσαλημ geht bei Lc durch. Die
Andeutung 4, 13, daß der Teufel es bei dieser Versuchung doch
nicht habe bewenden lassen, entspricht schwerlich der ursprünglichen Absicht dieser Geschichte, wonach vielmehr Jesus die Ver-
lockung, als jüdischer Messias aufzutreten, noch vor dem Anfang
seiner Laufbahn ein für allemal überwunden hat. — D konformirt
nach Mt, so auch sonst vielfach nach Mt und Mc.

In 4, 14 wird der Anfang von 4, 1 wieder aufgenommen. Den
Aufruf zur Buße Mc. 1,15 läßt Lc aus; vgl. zu 4, 18. Er redet
nur von der Lehrtätigkeit Jesu im allgemeinen und berichtet in
Übereinstimmung mit Mc, daß er sofort großes Aufsehen erregt
und allgemeinen Beifall gefunden habe.

II. Lc. 4, 16—7, 50.

Lc. 4, 16–30. § 28.

Und er kam nach Nazareth, wo er aufgewachsen war,
und ging nach seiner Gewohnheit am Sabbatstag in die Synagoge. Und er stand auf, um vorzulesen, [17]und es wurde ihm
das Buch des Propheten Esaias gereicht, und da er das Buch
aufschlug, stieß er auf eine Stelle, wo geschrieben stand: [18]der
Geist des Herrn ist über mir, deshalb hat er mich gesalbt; den
Armen das Evangelium zu verkündigen hat er mich gesandt,
[19]anzukündigen den Gefangenen, daß sie loskommen und den
Blinden, daß sie wieder sehen sollen, Gebrochene in Freiheit
zu lassen, anzukündigen das willkommene Jahr des Herrn.
[20]Und er schlug das Buch zu, gab es dem Diener und setzte
sich, und Aller Augen in der Synagoge waren auf ihn ge-

richtet. ²¹Und er begann zu ihnen zu sagen: heute ist diese Schrift erfüllt, die ihr soeben gehört habt. · ²²Und alle gaben ihm Beifall und staunten ob der lieblichen Worte, die aus seinem Munde kamen, und sagten: ist das nicht der Sohn Josephs? ²³Und er sagte zu ihnen: allerdings werdet ihr zu mir das Sprichwort sagen: Arzt, heil dich selber! was in Kapernaum, wie wir hören, geschehen ist, das tu auch hier in deiner Heimat! ²⁴Er sprach aber: Amen ich sage euch, kein Prophet findet in seiner Heimat willkommene Aufnahme. ²⁵Wahrlich ich sage euch, viele Witwen gab es in Israel in den Tagen Elias, als der Himmel drei Jahr und sechs Monat verschlossen war und eine große Hungersnot über das ganze Land kam, ²⁶und zu keiner von ihnen wurde Elias gesandt, sondern nach Sarepta im sidonischen Lande, zu einer Heidin. ²⁷Und viele Aussätzige gab es in Israel zur Zeit des Propheten Elisäus, und keiner von ihnen wurde gereinigt, sondern Naeman, der Heide. ²⁸Da wurden alle in der Synagoge voll Zorn, als sie das hörten, ²⁹und standen auf und warfen ihn aus der Stadt hinaus und führten ihn an den Rand des Berges, auf dem die Stadt gebaut ist, um ihn hinabzustürzen. ³⁰Er aber ging mitten durch sie hin seiner Wege.

Anders wie Mc. läßt Lc Jesus in seiner Heimat anfangen und erst, nachdem er dort übel aufgenommen ist, nach Kapernaum übersiedeln. Wegen dieser natürlichen und naheliegenden Annahme (vgl. auch Mt. 4, 13 am Anfang) schiebt er den § 28 (Mc. 6, 1—6) hierher vor und läßt ihn hernach an seiner Stelle aus. Ein ähnliches Verfahren wiederholt er öfters, so bei § 5 (5, 1ss.), § 70 (7, 36ss.), § 63 (10, 25ss.), § 49 (16, 18), § 58 (17, 6s.). Es gelingt ihm jedoch nicht, die Spuren der ursprünglichen, weit späteren Ansetzung der Szene in Nazareth zu verwischen; s. zu 4, 23.

4, 16. 17. In Anknüpfung an 4, 15 wird hier, und nur hier, an einem bestimmten Beispiel veranschaulicht, wie Jesus ordnungsmäßig am Sabbat in der Synagoge lehrt. In wie weit hier genaue Kenntnis der jüdischen Sitte vorliegt, läßt sich schwer beurteilen; mit dem späteren rabbinischen Maß darf man nicht ohne weiteres messen.

4, 18—21. Der zufällig aufgeschlagene prophetische Text ist der locus classicus vom Evangelium der Armen, der auch in 7, 22 (Mt. 11, 5) und in Mt. 5, 3. 4 zu grunde liegt. Jesus eröffnet

seine Predigt damit, daß er sich sofort selber zum Objekt macht:
ich bin der mit dem Geist des Herrn Gesalbte, den der Prophet
meint. Er weissagt nicht das Bevorstehen des Reiches Gottes,
sondern er sagt: das Jahr der Gnade ist jetzt mit dem Beginn
meines Wirkens eingetreten Er ruft nicht zur Buße auf, sondern
bringt den Armen das Heil und die Erlösung. Das Programm
Mc. 1, 15 wird von Lc (4, 15) mit voller Absicht ausgelassen und
ein ganz anderes an die Stelle gesetzt. Vgl. zu Mt. 5, 1. 2 und
4, 17. — Das biblische οὗ εἵνεκεν (4, 18) bedeutet: infolge davon
daß. Ἐν τοῖς ὠσὶν ὑμῶν (4, 21) muß eng mit ἡ γραφὴ αὕτη verbunden werden.

4, 22. Da die Leute ihn freudig bewundern, so soll auch die
Frage am Schluß nicht bösartig gemeint sein. Der Umschlag der
Stimmung erfolgt erst in 4, 28.

4, 23. Πάντως kann in diesem Zusammenhange nur bedeuten:
bei alle dem. Sehr merkwürdig ist das Tempus von ἐρεῖτε, nämlich das Futurum. Jesus kann sich über den gegenwärtigen Beifall
seiner Mitbürger nicht freuen, weil er weiß, es werde in Zukunft
ganz anders kommen. Er antezipirt seine noch gar nicht ange-
fangene Wirksamkeit in Kapernaum, und er sieht noch darüber
hinaus, daß er sie in Nazareth nicht mit gleichem Erfolge fortsetzen
und deswegen dort dem Spott verfallen werde. Es wird futurisch
Bezug genommen auf die Erzählung § 28, die doch zugleich in die
Gegenwart vorgeschoben wird. Dadurch entsteht ein seltsames
Schillern zwischen den Zeiten. Auch das Schelten über ein noch
erst bevorstehendes Benehmen ist seltsam, namentlich da die Ge-
scholtenen im Augenblick freundlich gesonnen sind.

4, 24. Amen sagt Lc seltener als die anderen Evangelisten,
wie er überhaupt fremdsprachliche Ausdrücke im Griechischen vermeidet.

4, 25—27 ist dem Lc eigentümlich und gehört eigentlich nicht
in diesen Zusammenhang. Denn der Gegensatz ist hier nicht inner-
jüdisch, er spielt nicht zwischen Nazareth und Kapernaum, sondern
zwischen Israel und den Heiden. Lc setzt schon hier (ähnlich wie
Mt. 8, 11. 12) damit ein, daß nicht den Juden, sondern den
Heiden das Heil widerfahren wird. Statt πρὸς γυναῖκα χήραν (4, 26)
müßte es heißen: πρὸς γ. Σύραν, d. h. ארמיא statt ארמלא; genau
die selbe Verwechslung findet sich in der Syra S. zu Mc. 7, 26.
Aramäer ist kein nationaler, sondern ein religiöser Begriff, der

sich mit Ἕλλην (Mc. 7, 26) deckt und Heide bedeutet; es wäre
auch in 4, 27 besser mit ὁ Ἕλλην zu übertragen gewesen als mit
ὁ Σύρος. Daß die Frau eine Witwe war, versteht sich von selbst,
da nach dem Vordersatz überhaupt nur Witwen in Betracht kommen;
es darf also nicht an der nachdrücklichsten Stelle des Satzes wiederholt werden. Vielmehr muß, wie bei Naeman und genau an der
gleichen Stelle, betont werden, daß sie eine Heidin war; denn daran
hängt der Sinn des Ganzen. Dalman wendet ein, daß γυναῖκα χήραν
den πολλαὶ χῆραι völlig passend gegenüber stehe. Man würde dann
aber zunächst erwarten: viele Witwen . . . und nur zu einer
einzigen. Und ferner wäre das nicht völlig passend, sondern
durchaus unpassend. Denn die Pointe beruht nicht auf dem Gegensatz zwischen der Vielzahl und der Einzahl, sondern auf dem
zwischen Israel und den Heiden. In der folgenden Parallele steht
ja auch den vielen Aussätzigen in Israel nicht Naeman der Aussätzige gegenüber, sondern Naeman der Heide. Möglich, daß der
Irrtum χήρα durch Reminiscenz an 1 Reg. 17, 9 befördert ist. Er
beweist eine schriftliche aramäische Grundlage für Lc. 4, 25—27.
Seine Aufdeckung ist darum wichtig genug, wenngleich Männer
von Geist, wie Wernle, nicht einsehen, warum man sich Mühe
gibt, eine Buchstabenverwechslung nachzuweisen. — Εἰ μή ist
ella, adversativ und nicht exceptiv.

4, 28. Der Ärger über einen Vorwurf, den sie bis jetzt durchaus nicht verdient haben, treibt die Leute von Nazareth dazu, das,
was Jesus in 4, 23 erst für spätere Zeit in Aussicht nimmt, sofort
zu tun und noch schlimmeres. Von ihm selber gereizt, bricht ihre
Bosheit vorzeitig aus. Nach dieser Erfahrung kann er dann aber
nicht noch einmal in der Synagoge seiner Heimat auftreten, als
wäre nichts geschehen. Es ist nach 4, 28 unmöglich, die Erzählung
in Mc. 6, 1—6 so mit der in Lc. 4, 16ss. zu vereinigen, wie es in
4, 23 durch das Futurum ἐρεῖτε versucht wird.

4, 29. 30 erinnert an Joa. 8, 59. Für ᾠκοδόμητο liest D das
Perfektum, dessen Sinn aber auch durch den Aorist ausgedrückt
werden kann (Blass § 59).

§ 6—8. Lc. 4, 31—44.

Und er kam hinab nach Kapernaum, einer Stadt in Galiläa,
und lehrte sie am Sabbat, ³²und sie waren betroffen ob seiner

Lehre, denn seine Rede war mit Macht. [33]Es war aber in
der Synagoge ein Mensch, der einen Dämon hatte und er
schrie laut auf: [34]was haben wir mit dir zu schaffen, Jesus
von Nazareth! ich weiß, wer du bist, der Heilige Gottes.
[35]Und Jesus schalt ihn und sprach: halt den Mund und fahr
aus von ihm. Und indem der Dämon ihn warf und aufschrie,
fuhr er von ihm aus, ohne ihm zu schaden. [36]Und Staunen
fiel auf alle, und sie redeten unter einander und sagten: was
ist das für eine Rede! mit Vollmacht und mit Erfolg gebietet
er den unreinen Geistern und sie fahren aus. [37]Und der Ruf
von ihm drang nach allen Seiten der Umgegend.

[38]Aus der Synagoge aber machte er sich auf und kam
in das Haus Simons. Simons Schwiegermutter aber war mit
schwerem Fieber behaftet, und sie baten ihn ihretwegen. [39]Und
er ging über sie stehn und schalt das Fieber, und es verließ
sie, und sogleich stand sie auf und bediente ihn. [40]Als aber
die Sonne unterging, brachten Alle ihre Kranken mancherlei
Art zu ihm, und er heilte sie, indem er einem jeden die Hand
auflegte. [41]Es fuhren auch Dämonen aus vielen aus, die
schrien und sagten: du bist der Sohn Gottes! Und er schalt
sie und ließ nicht zu, daß sie redeten; denn sie wußten, daß
er der Christus war.

[42]Als es aber Tag wurde, ging er hinaus an einen einsamen Ort, und die Leute suchten ihn und gelangten zu ihm
und wollten ihn festhalten. [43]Er aber sagte zu ihnen: ich
muß auch den andern Städten das Evangelium vom Reich
Gottes verkünden, denn dazu bin ich gesandt. [44]Und er sagte
die Kunde in den Synagogen von Judäa.

Die Übersiedlung von Nazareth nach Kapernaum ist bei Lc
durch 4, 16—30 aufs beste motivirt. Daß er es für nötig hält,
Kapernaum als eine Stadt in Galiläa zu bezeichnen, verdient Beachtung; die palästinische Geographie ist seinen Lesern fremd und
ihm selber auch. Die Berufung der vier Menschenfischer (§ 5)
fehlt und wird durch 5, 1—11 ersetzt. In 4, 38 ist nur von Simon
die Rede, der als bekannt gilt, nicht auch von Andreas. Daß
Jesus früh morgens in der Einsamkeit beten will, wird in 4, 42
übergangen. Dazu kommen noch einige andere Abweichungen von
Mc. Die Lehre Jesu wird nicht mit der der Schriftgelehrten verglichen, und er faßt die kranke Frau nicht bei der Hand; der In-

halt des Evangeliums ist das Reich Gottes. Πνεῦμα δαιμονίου ἀκα-
θάρτου (4, 33) ist eine grammatische Harmonisirung der Varianten
δαιμόνιον und πνεῦμα ἀκάθαρτον, welche in D noch lose beieinander
stehn. „Er gebietet und sie fahren aus" (4, 37) ist aramäische
Redeweise; der Inhalt des Befehls ergibt sich aus der Ausführung.
Παραχρῆμα (4, 39) sagt Lc für εὐθύς. Judäa (4, 44) schließt bei
ihm Galiläa ein; vgl. 1, 5. 6, 17. 7, 17 und D 23, 5.

Erst mit 4, 31 hat das Evangelium Marcions begonnen: „Im
15. Jahr des Kaisers Tiberius kam Jesus hinab nach Kapernaum."
Das Vorhergehende fehlt. Nur nicht die Nazarethgeschichte (4, 16
—30), die jedoch erst nach 4, 39 folgt und zwischen 4, 39 und
4, 40 gestellt wird — an eine vollkommen unmögliche Stelle; denn
der Übergang von 4, 30 zu 4, 40 ist absurd, in 4, 40ss. kann nicht
Nazareth die Szene sein, sondern nur Kapernaum. Usener (Weih-
nachtsfest p. 80ss.) meint freilich, die Geschichte stünde dort besser,
weil dann die Wirksamkeit in Kapernaum, worauf sie Bezug
nehme, in der Tat vorausgehe. Aber es geht mit 4, 31—39 viel
zu wenig voraus, um die Äußerung 4, 23 (angenommen, sie beziehe
sich auf Vergangenes und nicht auf Zukünftiges) wirklich zu erklären. Und wenn nun einmal der § 28 von Lc vorgerückt wurde,
dann auch an einen prominenten Ort. Die ganze programmatische
Bedeutung der Nazarethgeschichte bei Lc wäre dahin, wenn sie
nicht zu Anfang stünde, als Ersatz von Mc. 1,15. Ebenso auch
die Motivirung des Wohnungswechsels Jesu; das κατῆλθεν 4, 31
setzt als Ausgangspunkt das hochgelegene Nazareth voraus. Also
hat Marcion mit der Nazarethgeschichte bei Lc eine Umstellung
vorgenommen, deren Motiv Usener richtig erkannt hat. Warum
er alles übrige vor 4, 31 ausgelassen hat, läßt sich allerdings mit
unseren Mitteln vielleicht nicht erklären. Aber ebenso wenig läßt
sich begreifen, daß Lc die Einleitung des Mc abgeschnitten und
daß ein anderer sie in so eigentümlicher Weise nachgetragen habe,
wie es in Lc. 3, 1—4, 15 geschieht. Soll Lc vom Auftreten des
Täufers überhaupt nichts gesagt haben?

Lc. 5, 1–11. § 5.

Als aber das Volk ihn umdrängte und das Wort Gottes
hörte, während er am See Gennesar stand, ²sah er zwei Schiffe
am Ufer des Sees liegen; die Fischer aber waren ausgestiegen

und wuschen ihre Netze. ³Da trat er in das eine Schiff, das
Simon gehörte, und bat ihn ein wenig vom Lande auf zu
fahren. Und er setzte sich und lehrte das Volk vom Schiff
aus. ⁴Wie er aber aufhörte zu reden, sagte er zu Simon:
fahr hinaus auf das tiefe Wasser und senkt euer Netz zum
Fang. ⁵Simon antwortete: Meister, die ganze Nacht durch
haben wir uns abgemüht und nichts gefangen, aber auf dein
Wort will ich das Netz senken. ⁶Und sie fingen auf einen
Zug eine Menge von Fischen, so daß das Netz zerriß. ⁷Und
sie winkten ihren Genossen im andren Schiff herzukommen
und mit Hand anzulegen, und sie kamen. Und sie luden beide
Schiffe voll bis zum Sinken. ⁸Als Simon das sah, fiel er
Jesu zu Füßen und sagte: geh weg von mir, ich bin ein
sündiger Mensch. ⁹Denn Staunen befing ihn und alle die mit
ihm waren, ob des Fanges, den sie gemacht hatten, ¹⁰ ebenso
auch Jakobus und Johannes, die Söhne des Zebedäus, welche
Teilhaber Simons waren. Und Jesus sprach zu Simon: fürchte
dich nicht, von nun an wirst du Menschen fischen. ¹¹Und sie
führten die Schiffe an Land, verließen alles und folgten ihm.

Dies ist eine spätere Variante von § 5 (Mc. 1, 16—20), genau wie Lc. 4, 16—30 von § 28; Lc selber erkennt das an, indem
er den § 5 an seiner Stelle ebenso ausläßt, wie den § 28 an der
seinen. Bei Mc steht die Berufung der Menschenfischer völlig abrupt am Anfang der eigentlichen evangelischen Erzählung. Lc führt
sie nicht so plötzlich ein, sondern bringt sie an etwas späterer
Stelle, nachdem Jesus schon eine Weile in Kapernaum gewirkt
hat, vergißt dabei jedoch seine Rückkehr von dem Ausfluge
(4, 42—44) zu berichten. Er veranschaulicht den Spruch vom
Menschenfischen durch einen vorhergehenden reichen Fang wirklicher Fische. Der Spruch ist aber nicht an die vier Jünger gerichtet, die bei ihm nirgends zum Vorschein kommen, sondern an
Petrus allein, der hier noch stets Simon genannt wird. Petrus ist
der eigentliche Vertreter des Aposteltums, bei Lc (22, 32) nicht
minder wie bei Mt, obwol im Vergleich zu Jesu nur ein sündiger
Mensch (5, 8). Jakobus und Johannes treten hinter ihm zurück;
Andreas wird garnicht erwähnt, er kommt bei Lc überhaupt nur
im Katalog der Zwölf vor. Aus dem Spruch vom Menschenfischen
ist die erweiterte Erzählung Lc. 5, 1—11 entstanden. Ihrerseits
ist sie die Grundlage von Joa. 21, wo Johannes mit Petrus kon-

kurrirt. Das erhellt schlagend aus der Korrektur Joa. 21, 11. Bei Lc (5, 6) zerreißt das Netz, denn es ist trotz aller Vorbedeutung doch noch als wirkliches Netz gedacht; bei Joa zerreißt es nicht, denn es ist die christliche Kirche. Vgl. E. Schwartz, über den Tod der Söhne Zebedäi (Abh. der GGW VII 5, 1904) p. 50.

5, 1. Sätze verschiedener Art, die mit καὶ αὐτός anfangen, kommen bei Lc sehr oft vor, namentlich nach καὶ ἐγένετο, werden aber häufig von D geändert, z. B. 8, 1. 22. Hier ist καὶ αὐτὸς ἦν ἑστώς ein semitischer Zustandssatz, D gräzisirt richtig ἑστῶτος αὐτοῦ. Ähnlich 5, 17. 11, 14. 14, 1. 17, 11.

5, 3. Gegen das volkstümliche ὅσον ὅσον in D kommt ὀλίγον nicht auf.

5, 4. 5. Der Wechsel des Numerus (du ihr, ich wir) erklärt sich leicht, da Petrus zwar die Hauptperson ist, aber Ruderer in seinem Schiff bei sich hat. Ἐπιστάτα (und κύριε) sagen bei Lc die Jünger, διδάσκαλε die anderen.

5, 6. Τοῦτο ποιήσαντες fehlt in D mit Recht. Es braucht nicht gesagt, es kann stillschweigend ergänzt werden.

5, 10. In D wird nicht Petrus allein angeredet, sondern auch die andern Jünger — weil doch auch sie an dem Missionsberuf teil haben. Das ist Korrektur, trotz 5, 11.

5, 11 schließt sich schlecht an, da in 5, 10 die Aufforderung zur Nachfolge (Mc. 1, 17) fehlt. Der Text lautet in D: οἱ δὲ ἀκούσαντες πάντα κατέλειψαν ἐπὶ τῆς γῆς καὶ ἠκ. αὐτῷ. Wegen ἐπὶ τῆς γῆς kann πάντα nicht richtig sein; es muß nach Marcion in τὰ πλοιάρια verwandelt werden. Darnach verlassen also die Jünger nicht alles, sondern nur ihre Schiffe, wie Mc. 1, 18. 20. Das scheint das Ursprüngliche zu sein. Freilich spricht dagegen erstens, daß die Schiffe sich vorher auf hoher See befinden und zunächst aufs Trockene gebracht werden müssen, ehe sie liegen gelassen werden können, zweitens, daß auch Levi bei Lc (5, 8) im Gegensatz zu Mc. 2, 14 alles verläßt. Vgl. D zu Mc. 1, 18.

§ 9. Lc. 5, 12–15.

Und als er in einer von den Städten war, siehe da ein Mann voll Aussatz, wie der Jesus sah, warf er sich auf das Angesicht und bat ihn: Herr, wenn du willst, kannst du mich reinigen. ¹³Und Jesus streckte die Hand aus, rührte ihn an und sagte: ich will, sei gereinigt! Und alsbald ging der Aussatz von ihm weg. ¹⁴Und er gebot ihm, es keinem zu sagen, „sondern geh, zeig dich dem Priester und bring für die Reinigung ein Opfer, wie Moses verordnet hat, damit dies euch zum Zeugnis diene". ¹⁵Doch nur um so mehr verbreitete sich das Gerücht über ihn, und viele Leute liefen zusammen, zu hören und sich heilen zu lassen von ihren Krankheiten. Er aber zog sich zurück an einsame Orte und betete.

Der Eingang von § 9 greift über 5, 1—11 (§ 5) hinweg zurück auf § 8 = 4, 43. 44. Dort heißt es, Jesus habe in andern Städten und Synagogen, außerhalb von Kapernaum, gepredigt; und hier wird fortgefahren: als er in einer von diesen Städten war. Die sonderbare Heftigkeit, mit der Jesus bei Mc (1, 43) den Geheilten anfährt, wird auch von Lc unterdrückt, wie von Mt. Am Schluß wird die in 4, 42 ausgelassene Angabe in etwas ungeschickter Verallgemeinerung nachgeholt, daß Jesus einsam zu beten pflegte; vgl. 6, 12. In 5, 14 bin ich der Variante von D gefolgt, s. zu Mc. 1, 44. Im Sinn unterscheiden sich ὑμῖν und αὐτοῖς nicht, das ὑμῖν schließt den Angeredeten unter die αὐτοί, d. h. die Juden, ein. Vgl. 21, 13.

§ 10. Lc. 5, 17–26.

Und eines Tages lehrte er, und Pharisäer und Gesetzeslehrer saßen dabei, und die Leute von allen Dörfern aus Galiläa [und aus Judäa und Jerusalem] waren zusammen gekommen, und die Kraft des Herrn wirkte, daß er sie heilte — ¹⁸siehe da erschienen Männer, die trugen auf einem Bette einen Menschen, der gelähmt war, und suchten ihn hineinzubringen und vor ihm niederzusetzen. ¹⁹Und da sie keine Möglichkeit fanden ihn hineinzubringen, wegen der Menge, stiegen sie auf das Dach und ließen ihn mitsamt dem Bette durch die Ziegel hinab auf den Platz vor Jesus. ²⁰Und da er ihren Glauben sah, sprach er: Mensch, deine Sünden sind dir vergeben. ²¹Und die Schriftgelehrten und die Pharisäer begannen bei sich zu sprechen: wer ist der, daß er Lästerung redet! wer anders kann Sünden vergeben als allein Gott! ²²Jesus aber erkannte ihre Gedanken und antwortete ihnen: Was denkt ihr da bei euch? ²³Was ist leichter zu sagen: dir sind deine Sünden vergeben, oder zu sagen: steh auf und wandle? ²⁴Damit ihr aber wißt, daß der Menschensohn Macht hat auf Erden Sünden zu vergeben, sagte er zu dem Gelähmten: ich sage dir, nimm dein Bett und geh nach Hause! ²⁵Und alsbald stand er auf vor ihren Augen, nahm sein Lager und ging nach Hause und pries Gott. ²⁶Und alle wurden voll Furcht und sagten: wir haben heute Erstaunliches erlebt!

5, 17. Der Schauplatz wechselt stillschweigend; denn die Angabe Mc. 2, 1, daß Jesus nach einigen Tagen von den andern Städten wieder nach Kapernaum zurückgekehrt sei, fehlt; Lc ist gleichgiltig gegen das Itinerar. In D wird hier wie 5, 1 καὶ αὐτὸς ἦν διδάσκων gräzisirt in αὐτοῦ διδάσκοντος. Die folgenden Sätze hätten dann aber ebenso als vorbereitende Zustandssätze aufgefaßt werden müssen, so daß das anfangende καὶ ἐγένετο erst durch 5, 18 ergänzt würde. Das relative οἳ vor ἦσαν ἐλ. muß nach der Syra S. in καί verändert werden. Denn das Subjekt ist unbestimmt, es sind nicht die Pharisäer und Schriftgelehrten, die nicht aus allen Dörfern zusammen gekommen sein können, sondern die Leute. Vor Ἰουδαίας müßte ἐκ ergänzt werden. Das ist schwierig. Zudem unterscheidet Lc sonst Judäa niemals von Galiläa. Man kann sich des Verdachtes nicht erwehren, daß aus Judäa und Jerusalem nachgetragen ist, es bezieht sich nicht auf die Leute im allgemeinen, sondern auf die Pharisäer und Schriftgelehrten. Letztere heißen nur hier νομοδιδάσκαλοι, öfter νομικοί, meist γραμματεῖς. Κύριος wird Gott gewöhnlich nur in Zitaten aus dem A. T. genannt.

5, 19. Lc hat statt des unmöglichen ἀπεστέγασαν τὴν στέγην bei Mc das zu erwartende ἀναβάντες ἐπὶ τὸ δῶμα; vgl. zu Mc. 2, 4. Ob die Voraussetzung zutrifft, daß das Dach aus Ziegeln bestand, läßt sich bezweifeln.

5, 20. Jesus redet den Kranken bei Lc „Mensch" an, nicht „mein Sohn", wie bei Mc (2, 5).

5, 26. Die beiden ersten Sätze in B etc. überfüllen den Vers; sie fehlen in D und sind aus Mc. 2, 12 eingetragen. Lc hat das Preisen Gottes schon am Schluß von 5, 25 verwendet.

§ 11. 12. Lc. 5, 27—39.

Und darauf ging er aus und sah einen Zöllner namens Levi am Zoll sitzen und sagte zu ihm: folg mir. ²⁸Und er verließ alles und folgte ihm. [29]Und Levi gab für ihn ein großes Gastmahl in seinem Hause, und es war ein großer Haufe von Zöllnern, die mit ihnen zu Tisch saßen. [30]Und die Pharisäer und die Schriftgelehrten murrten gegen seine Jünger und sagten: warum eßt und trinkt ihr mit den Zöllnern? [31]Jesus aber antwortete ihnen: die Gesunden bedürfen des Arztes nicht, sondern die Kranken; [32]ich bin nicht gekommen, Gerechte zu rufen, sondern Sünder zur Buße.

[33]Und sie sagten zu ihm: die Jünger Johannes fasten oft und halten Gebete [ebenso auch die der Pharisäer], deine Jünger aber tun nichts davon. [34]Jesus sprach zu ihnen: Könnt ihr die Hochzeiter zum Fasten bringen, so lange sie den Bräutigam bei sich haben? [35]Es werden aber Tage kommen, und wenn dann der Bräutigam ihnen entrissen ist, so werden sie fasten in jenen Tagen. [36]Er sagte aber auch ein Gleichnis zu ihnen: Niemand reißt einen Lappen aus einem neuen Kleid und setzt ihn auf ein altes, sonst macht er einen Riß in das neue, und zu dem alten paßt der Lappen aus dem neuen nicht. [37]Und niemand tut neuen Wein in alte Schläuche, sonst zerreißt der Wein die Schläuche, und er wird verschüttet und die Schläuche werden verdorben. [38]Sondern neuen Wein muß man in neue Schläuche tun. [[39]Und niemand der alten getrunken hat, mag neuen; denn er sagt: der alte ist am besten.]

5, 28. In der Syra S. fehlt ἀναστάς, es stammt aus Mc. 2, 14.

5, 29. 30. Μετ' αὐτῶν 5, 29 faßt die Jünger mit Jesu zusammen, der Plural tritt in diesem Fall öfters unvorbereitet für den Singular ein. Die Jünger sitzen mit zu Tisch und werden gefragt, warum sie selber mit den Sündern essen, nicht wie bei Mc, warum Jesus das tue. Im Sinaiticus fehlt καὶ ἄλλων 5, 29, zusammenhängend damit in D καὶ ἁμαρτωλῶν 5, 30. In D fehlt auch αὐτῶν 5, 30.

5, 31. Ὑγιαίνοντες ist richtige Erklärung von ἰσχύοντες (Mc. 2, 17), zu καλέσαι wird εἰς μετάνοιαν ergänzt.

5, 33. Lc hat den Text des Mc in ursprünglicherer Form erhalten, jedoch das hier beginnende neue Stück in zu engen Zusammenhang mit dem vorhergehenden gebracht: für οἱ δὲ εἶπαν müßte gesagt sein καὶ εἶπαν, das Subjekt sind nicht die Pharisäer, sondern die Leute. Über ὁμοίως καὶ οἱ τῶν Φ. s. zu Mc. 2, 18;

Blaß streicht die Worte nach Marcion. Zu dem Kultusfasten fügt Lc auch das Kultusgebet hinzu, welches die Johannesjünger nach ihm (11, 1) früher hatten als die Christen. Hernach ist freilich auch bei Lc nur vom Fasten die Rede, nicht bloß in 5, 34. 35, sondern schon am Schluß von 5, 33: deine Jünger aber essen und trinken. Aber D bietet dafür: deine Jünger aber tun nichts davon. Diese allgemeine Negation konnte Späteren anstößig erscheinen.

5, 36. Lc macht hier nicht mit Unrecht einen Absatz, gegen Mc. 2, 21. Am Schluß sucht er die befremdliche Aussage, daß ein neuer Flicken auf einem alten Kleide nicht halte und den Riß nur ärger mache, rationeller zu gestalten.

5, 39 paßt nicht an diese Stelle und fehlt in D und in mehreren alten Latinae. Χρηστός ist komparativisch oder superlativisch zu verstehn.

§ 13. 14. Lc. 6, 1–11.

An einem Sabbat aber ging er durch ein Saatfeld, und seine Jünger rauften Ähren, zerrieben sie in der Hand und aßen. ²Da sagten einige Pharisäer: was tut ihr am Sabbat Unerlaubtes! ³Und Jesus antwortete ihnen: habt ihr nie gelesen, was David tat, als ihn und seine Gefährten hungerte? ⁴wie er in das Haus Gottes ging und die Schaubrote nahm und aß und seinen Gefährten gab, die doch nur die Priester essen durften? ⁵Und er sprach zu ihnen: der Menschensohn ist Herr [auch] des Sabbats.

⁶An einem anderen Sabbat aber ging er in die Synagoge und lehrte. Und es war dort ein Mensch, dessen rechter Arm war starr. ⁷Und die Schriftgelehrten und Pharisäer paßten ihm auf, ob er am Sabbat heilen würde, um ihn anklagen zu können. ⁸Er aber erkannte ihre Gedanken und sagte dem Mann mit dem starren Arm: steh auf und tritt vor. Und er stand auf und trat hin. ⁹Und Jesus sprach zu ihnen: ich frage euch, ob man am Sabbat nicht lieber Gutes als Böses erweisen darf, lieber eine Seele retten als sie verkommen lassen? ¹⁰Und er sah sie alle ringsum an und sagte dann zu ihm: streck deinen Arm aus! Und er tat es, und sein Arm war wieder hergestellt. ¹¹Da wurden sie ganz unsinnig und beredeten mit einander, was sie Jesu tun sollten.

6, 1. Das ἐγένετο zielt (ähnlich wie in 5, 1. 17) logisch erst auf die Aussage in 6, 2, die vorhergehenden Sätze schildern die Situation; in den Hss. wird die Konstruktion auf verschiedene Weise geglättet. Den Zusatz δευτεροπρώτῳ in D hält man für unecht, er beruht aber nicht bloß auf Versehen. Es muß einer von den Sabbaten des tempus clausum der Erntezeit zwischen Ostern und Pfingsten gemeint sein, vielleicht der erste nach dem Ostertage.

6, 3. Für das unverständliche οὐδὲ τοῦτο liest D οὐδέποτε. Vgl. zu 7, 9.

6, 5. Das καί vor τοῦ σαββάτου, das im Vaticanus fehlt, erklärt sich nur aus der Prämisse Mc. 2, 27; s. zu der Stelle. Der Ausspruch ist bei Lc isolirt; denn mit 6, 3. 4 ließe er sich nur verbinden, wenn das καί vor ὁ υἱὸς τ. ἀ. stünde und es hieße: wie David, so auch der Messias. Daß Lc ebenso wie Mt den Messias unter dem Menschensohn verstanden hat, unterliegt keinem Zweifel. Eben deshalb kann er auch die Prämisse nicht brauchen, die nur paßt, wenn der Menschensohn hier der Mensch ist. — In D ist die Isolirung des Ausspruchs 6, 5 noch weiter getrieben. Er ist völlig von 6, 3. 4 getrennt und hinter 6, 10 gesetzt. Und auf 6, 4 folgt zunächst noch etwas anderes. „Am selben Tage sah er einen am Sabbat arbeiten und sprach zu ihm: Mensch, wenn du weißt, was du tust, so bist du selig; sonst bist du verflucht und ein Übertreter des Gesetzes.“ Die Zeitbestimmung am selben Tage genügt, um dies als Nachtrag zu erweisen; der ursprüngliche Erzähler hätte keine Veranlassung gehabt, die Einheit der Zeit festzuhalten, sondern wie in 6, 6 sagen können: abermals an einem Sabbat. Es ist freilich nach Mc richtig, daß Jesus sich nicht bloß selber, weil er der Messias war, die Befugnis zuschreibt, den Sabbat zu brechen. Sogar daß er das Arbeiten schlechthin am Sabbat gestattet, wenn es nur mit gutem Gewissen geschieht, geht nicht hinaus über den Grundsatz: der Mensch ist Herr über den Sabbat. Ob er aber praktisch diese Konsequenz gezogen haben würde, ist eine andere Frage.

6, 6—11. Die Schriftgelehrten und Pharisäer treten an Stelle der Pharisäer und Herodianer bei Mc. 3, 6 und rücken an den Anfang, Lc erwähnt die Herodianer überhaupt nicht. Jesus kennt die Gedanken der Gegner, bevor er sie fragt. Ihr Schweigen auf seine Frage wird ausgelassen, ebenso sein Zorn; dagegen wird ihre unsinnige Wut zugesetzt. Die Hand (6, 6) ist die rechte, ebenso das Ohr 22, 50 und das Auge Mt. 5, 29. Eigentümlich ungriechisch ist die Parataxe 6, 6 und ἀναστὰς ἔστη 6, 8. In 6, 6 und 6, 10 periodisirt D und ändert hier, wie anderswo, nach Mc und Mt.

§ 15. 16. Lc. 6, 12–19.

In jenen Tagen aber ging er aus auf einen Berg, um zu beten, und er verbrachte die ganze Nacht im Gebet zu Gott. ¹³Und als es Tag wurde, rief er seine Jünger und wählte von ihnen zwölf aus, die er Apostel nannte, ¹⁴Simon, dem er den Beinamen Petrus gab, und seinen Bruder Andreas, Jakobus und Johannes, Philippus und Bartholomäus, ¹⁵Matthäus und Thomas, Jakobus Alphäi und Simon den sogenannten Eiferer, ¹⁶Judas Jakobi und Judas Iskarioth, der ein Verräter wurde. ¹⁷Und er ging hinab mit ihnen und blieb auf einer Ebene stehn, und (mit ihm war) ein Haufe von Jüngern und eine große Menge Volk, das aus ganz Judäa [und Jerusalem] und aus der Küstengegend von Tyrus und Sidon gekommen war, ¹⁸um ihn zu hören und sich von Krankheiten heilen zu lassen. Und die von unreinen Geistern Geplagten wurden geheilt, ¹⁹und alles Volk suchte ihn anzurühren, denn eine Kraft ging von ihm aus und heilte alle.

Bei Lc kommt § 15 hinter § 16 zu stehn, als Vorbereitung für die große Predigt, wie Mt. 4, 23—25. Für den wichtigen Akt der Apostelberufung bereitet sich Jesus die ganze Nacht im Gebet auf dem Berge vor und vollzieht ihn morgens früh noch auf dem Berge. Der große Haufe der Jünger wird ausdrücklich von den Zwölfen unterschieden, hier und an anderen Stellen, während dieser Unterschied bei Mc und auch bei Mt noch nicht durchgeführt ist. Die Apostel scheinen paarweise geordnet zu werden, Andreas rückt an Petrus heran, und zuletzt kommen Judas Jacobi (wie in der Apostelgeschichte, statt Thaddäus) und Judas der Verräter (προδότης statt παραδίδους). Der Kananäer wird richtig durch der Zelot ersetzt. Die Aufzählung der Gegenden, woher die Menge zusammen geströmt sein soll, weicht von Mc. 3, 7. 8 ab, schwankt aber auch in der hs. Überlieferung des Lc. Judäa umfaßt Galiläa mit (zu 4, 44), und konsequenter Weise auch Peräa, welches also im Sinaiticus unrichtig zugefügt zu sein scheint. Zu Judäa in diesem weiteren Sinne paßt aber und Jerusalem nicht; es fehlt in D

und bei Marcion und ist auch in 5, 17 unecht. Die Nennung
der Paralia, eines griechischen t. t., ist dagegen dem Lc wol zu-
zutrauen und schlecht zu entbehren, da die Aufzählung von 5, 17
überboten werden soll; das Gebiet von Tyrus und Sidon hängt eng
mit Galiläa zusammen. Die verfrühte Vorbereitung der Gleichnis-
reden vom Schiff aus (Mc. 3, 9) steht weder bei Lc noch bei Mt.
Das Participium καὶ ἐκλεξάμενος 6, 13 sollte Finitum sein. Um es
zu erklären, setzt D ἐκάλεσεν hinzu; sonst finden sich aber gerade in
D mehrfach solche Partizipia, die sich ausnehmen wie verunglückte
Anfänge einer griechischen Periodisirung, z. B. 9, 6. Auch in 6, 17
ist der Satzbau im Griechischen unklar.

Q*. Lc. 6, 20–49. Mt. 5, 1–12. 38–48. 7, 1–6. 15–27.

Und er richtete seine Augen auf seine Jünger und sprach:
Selig ihr Armen, denn euer ist das Reich Gottes. [21]Selig ihr
jetzt Hungrigen, denn ihr werdet satt werden. Selig ihr jetzt
Weinenden, denn ihr werdet lachen. [22]Selig seid ihr, wenn
euch die Leute hassen und ausschließen und euch in schlechten
Ruf bringen wegen des Menschensohns. [23]Freut euch zu jener
Zeit und hüpft; siehe euer Lohn ist groß im Himmel, denn
ebenso haben ihre Väter den Propheten getan.
[24]Doch wehe euch Reichen, denn ihr habt euren Trost
dahin. [25]Wehe euch, ihr jetzt Satten, denn ihr werdet hungern.
[26]Wehe euch, ihr jetzt Lachenden, denn ihr werdet trauern
und weinen. [27]Wehe euch, wenn euch die Leute schmeicheln,
denn ebenso haben ihre Väter den falschen Propheten getan.
[28]Aber euch Zuhörern sage ich: Liebt eure Feinde, tut
wol denen, die euch hassen; [29]segnet die euch verfluchen,
betet für die, die euch mishandeln. [30]Wer dich auf die eine
Wange schlägt, dem reiche auch die andere; und wer deinen
Mantel nimmt, dem weigere auch den Rock nicht. [31]Wer dich
bittet, dem gib, und wenn dir einer das Deine nimmt, so
fordre es nicht zurück von ihm. [32]Und wie ihr wollt, daß
euch die Leute tun, ebenso tut ihnen. [33]Und wenn ihr die
liebt, die euch lieben, was habt ihr für einen Dank? auch die
Sünder lieben ihre Freunde. [34]Und wenn ihr denen woltut,
die euch woltun, was habt ihr für einen Dank? auch die
Sünder tun das. [35]Und wenn ihr denen leiht, von denen ihr

zu empfangen hofft, was habt ihr für einen Dank? auch die
Sünder leihen den Sündern, um zu empfangen. [36]Sondern
liebt eure Feinde und tut ihnen wol, und leiht ohne Gegen-
hoffnung, so wird euer Lohn groß, und ihr werdet Söhne des
Höchsten sein. Denn er ist gütig gegen die Undankbaren
und Bösen. [37]Seid barmherzig, wie euer Vater barmherzig ist; [38]richtet
nicht, so werdet ihr nicht gerichtet. Verurteilt nicht, so werdet
ihr nicht verurteilt; sprecht frei, so werdet ihr freigesprochen.
[39]Gebt, so wird euch gegeben. [Ein gutes, gestopftes, ge-
rütteltes, überfließendes Maß wird man euch in den Schoß
geben. Denn] mit dem Maß, damit ihr meßt, wird euch
wieder gemessen werden.

[40]Er sagte ihnen auch ein Gleichnis: Kann wol ein Blinder
einen Blinden führen? werden sie nicht beide in die Grube
fallen? [41]Kein Jünger geht über den Meister; ist er ganz
vollendet, so gleicht er seinem Meister. [42]Was siehst du den
Splitter in deines Bruders Auge, den Balken aber im eigenen
Auge bemerkst du nicht? [43]Wie kannst du deinem Bruder
sagen: Bruder, laß mich den Splitter aus deinem Auge schaffen
— während du selbst den Balken in deinem Auge nicht siehst?
Heuchler, schaff zuerst den Balken aus deinem Auge, und
dann magst du sehen, den Splitter im Auge deines Bruders
herauszuschaffen.

[44]Kein guter Baum ist, der schlechte Frucht bringt, und
kein schlechter Baum, der gute Frucht bringt. Jeder Baum
wird an seiner Frucht erkannt. [45]Denn man liest von Disteln
keine Feigen, und vom Dornbusch pflückt man keine Trauben.
[46]Der gute Mensch bringt aus dem guten Schatze seines Herzens
das Gute hervor, und der böse bringt aus dem bösen das Böse
hervor; denn, wovon das Herz überfließt, daraus redet der Mund.

[47]Was nennt ihr mich: Herr, Herr! und tut nicht was
ich sage? [48]Wer zu mir kommt und meine Worte hört und
tut, will ich euch sagen, wem der gleicht: [49][er gleicht] einem
hausbauenden Mann, der tief grub und auf den Fels Grund
legte; als nun Hochwasser kam, fuhr der Strom gegen das
Haus, konnte es aber nicht erschüttern, [weil es gut gebaut
war]. [50]Wer aber hört und nicht tut, gleicht einem Mann,
der ein Haus auf Land ohne Baugrund setzte; und als dagegen

der Strom fuhr, fiel es ein, und es gab einen großen Zusammen-
bruch bei dem Hause. Jesus hat die Apostel wie in Mc § 16 auf einem Berge be-
rufen, ist dann aber zur Ebene hinabgestiegen (6, 17). Etwa bloß,
weil 6, 17—19 dem § 15 des Mc entspricht und dort das Seeufer
die Szene ist? Lc ist sonst in den Ortsangaben durchaus nicht
so gewissenhaft. Der Szenenwechsel hat mehr zu besagen, deshalb
wird er so ausdrücklich hervorgehoben. Der Berg bedeutet eine
gewisse Absonderung, die Ebene dagegen eine größere Öffentlichkeit.
Auf dem Berge ist Jesus mit seinen Jüngern allein, auf der Ebene
kommt das Volk hinzu, das bei der folgenden Predigt auch mit
zugegen sein soll (zu Mt. 5, 1). Zunächst richtet sich dieselbe
freilich an die Jünger. Auf sie richtet Jesus den Blick (6, 20)
und sie redet er mit ὑμεῖς an. — Die Verse der Berg- oder vielmehr Feldpredigt bei Lc (von 6, 27 an) enthalten meist Distichen oder
Tetrastichen, daneben einzelne Tristichen. Doch kommt auch Prosa
vor. Bei Mt läßt sich der Parallelismus der Glieder in den Sprüchen
weit weniger deutlich erkennen. Und nicht bloß formell, sondern
auch inhaltlich scheint der Text des Lc im Ganzen ursprünglicher
zu sein, als der des Mt.

6, 20—23 (Mt. 5, 1—12). Das Reich Gottes bringt eine große
Umwälzung mit sich, die Letzten werden die Ersten sein. Die
Makarismen sind kürzer und frischer, weniger biblisch und geistlich
als bei Mt. Die Anrede mit Ihr geht von Anfang an durch.
Das νῦν 6, 20—21 stört. In 6, 22 wird καὶ ὀνειδίσωσιν von Blaß
gestrichen, weil es in einem Zitat des Clemens Al. fehlt und in D
an anderer Stelle steht. Es ist in der Tat Interpretament und
zwar richtiges Interpretament zu ἐκβάλωσιν τὸ ὄνομα. Denn das ist
eigentlich die biblische Redensart: „einem einen schlechten Namen
ausbringen" (d. h. verbreiten, vgl. ἐξῆλθεν Mc. 1, 28 Lc. 7, 17),
die wörtlicher zu übersetzen gewesen wäre: ἐκβ. ὑμῖν ὄνομα πονηρόν.
„Wegen des Menschensohns" würde bei Mc heißen: wegen meiner
und des Evangeliums. In 6, 23 bezieht sich zu jener Zeit auf
die Zeit der Verfolgungen, die Jesus vorausnimmt. Lc hat „ihre
Vorfahren" gelesen, als Subjekt des Verbs; Mt „eure Vorfahren",
als Apposition zu den Propheten. Die Differenz ist daq'damaihôn
(οἱ πατέρες αὐτῶν) und daq'damaikôn (τοὺς πρὸ ὑμῶν).

6, 24—26. Die mechanische Antithese fehlt mit Recht bei Mt.
Die Anrede der Abwesenden in zweiter Person stört und nötigt

dazu, hinterher in 6, 27 ausdrücklich mit ἀλλά hervorzuheben, daß nun das Ihr sich wieder an die Zuhörer, d. h. die Jünger, richte. Der Trost ist das Reich Gottes, erst bei Joa der heilige Geist.

6, 27—35 (Mt. 5, 39—47). Der lose Spruch 6, 31 ist anders gestellt als bei Mt (7, 12). Die Verse 32. 33. 34 sind Tristiche, dagegen 35 wieder Tetrastich. Der Kausalsatz am Schluß von 6, 35 hängt über und ist wol nachgetragen, um auf 6, 36 überzuleiten. Wenn man von ihm absieht, so geht υἱοὶ ὑψίστου nicht auf die moralische Ähnlichkeit mit Gott, sondern auf den zukünftigen Lohn, nach dem vorhergehenden μισθὸς πολύς; vgl. Lc. 20, 36. Mt. 5, 9. Sapient. 5, 5. Der Ausdruck ὕψιστος, ohne ὁ θεός und ohne Artikel, findet sich nur bei Lᴏ dreimal im ersten Kapitel des Evangeliums und einmal in der Apostelgeschichte.

6, 36—38 (Mt. 5, 48. 7, 1—6). „Euer Vater" bei Lc nur hier und 12, 30. 32 (11, 2. 13). In der Regel ist das Korrelat zum Vater bei Lc der Sohn d. i. Jesus, wie bei Joa. Richtet nicht (6, 37) wird erklärt: verurteilt nicht, sondern sprecht frei; also im Sinne von Joa. 8, 1—11. Mt deutet den Spruch nach 6, 41, welcher Vers bei ihm unmittelbar darauf folgt, aber bei Lc ganz davon getrennt ist. In 6, 38 bezieht Lc das Maß nicht wie Mt auf das Richten, sondern auf das Geben, so daß zwischen 6, 38 und 6, 37 keine engere Verbindung besteht. Der mittlere Satz ist ungegliedert und weist eine ungeheuerliche Häufung von Attributen auf, zwei davon fehlen in der Syra S. Die Redensart „in den Busen (d. h. in den Bausch des Kleides) messen", ist biblisch (Isa. 65,7. Ps.79,12). Der Zusammenhang Mt. 7, 1—6 ist anders und straffer; die losere Aufreihung bei Lc möchte aber dem Ursprünglichen näher kommen.

6, 39—42 (Mt. 7, 1—6). Der Spruch 6, 39 steht bei Mt. (15, 14. 23, 16) außerhalb der Bergpredigt und richtet sich gegen die Schriftgelehrten; auch 6,40 steht bei Mt (10, 25) an anderer Stelle. Die Ideenassoziation zwischen 6, 39 und 6, 40 bei Lc scheint zu sein: ein Blinder ist kein Wegweiser (d. i. Lehrer), und ein Schüler kein Meister — eine Autorität außer Jesus gibt es nicht, nur die vollkommene Übereinstimmung mit ihm verbürgt die Autorität eines Lehrers in der christlichen Gemeinde. Πᾶς (6, 40) ist kulleh und adverbial zu übersetzen. Die Verbindung von 6, 41s. mit 6, 37s. bei Mt ist logisch sehr gut, darum aber noch nicht authentisch.

6, 43—45 steht bei Mt. 7, 15—18 an der selben Stelle, im Wortlaut entsprechender aber Mt. 12, 33—35 an anderer Stelle;

die ursprüngliche Gleichheit der beiden Passus läßt sich nicht verkennen. Der Schatz des Herzens kommt auch bei Lc (12, 34) noch einmal vor, wie bei Mt (6, 21).

6, 46—49 (Mt. 7, 21—27). Der Eingang 6, 46 ist bei Mt (7, 21—23) stark erweitert. Das Gleichnis ist bei Lc anschaulicher und die Beziehung auf verschiedenwertige Mitglieder der christlichen Gemeinde deutlicher. Der Schluß von 6, 48 fehlt in der Syra S., auch der Anfang (wie in Mt. 13, 33).

Q*. Lc. 7, 1–10. Mt. 8, 5–10.

Und als er alle Worte vollendet hatte, so daß (auch) das Volk sie hörte, ging er nach Kapernaum hinein. ²Eines Hauptmanns Knecht aber, auf den er viel hielt, war krank und am Sterben. ³Und da er von Jesu hörte, ließ er ihn durch die Ältesten der Juden bitten, er möchte kommen und seinen Knecht gesund machen. ⁴Und sie erschienen bei Jesus, baten ihn angelegentlich und sagten: er verdient, daß du ihm das gewährst; ⁵denn er will unserem Volke wol, und die Synagoge hat er uns gebaut. ⁶Da ging er mit. Als er aber nicht mehr weit von dem Hause war, ließ ihm der Hauptmann durch Freunde sagen: Herr, bemüh dich nicht, denn ich bin nicht wert, daß du unter mein Dach tretest, ⁷[weshalb ich mich auch selber nicht für würdig gehalten habe, zu dir zu kommen], sondern sprich nur ein Wort, so wird mein Knecht genesen. ⁸Denn auch ich, ein Mensch unter Befehl, habe Kriegsleute unter mir, und sage ich zu diesem: geh, so geht er, und zu einem anderen: komm, so kommt er, und zu meinem Knecht: tu das, so tut er es. ⁹Als Jesus das hörte, wunderte er sich über ihn, wandte sich und sprach zu dem Volk, das ihn geleitete: ich sage euch, nie habe ich solchen Glauben gefunden in Israel. ¹⁰Und als die Abgesandten in das Haus zurückkehrten, fanden sie den Knecht gesund.

7, 1. 2. Bei Lc ist es kaum mehr zu erkennen, daß gerade, als Jesus von einem großen Haufen (7, 9) begleitet in Kapernaum eintritt, ihm die Bitte des Hauptmanns vorgetragen wird. Ἐπειδή 7, 1 ist unhaltbar; D hat καὶ ἐγένετο ὅτε.

7, 3 ss. Der Hauptmann kommt bei Lc nicht selber, was durch das in D fehlende Interpretament zu Anfang von 7, 7 motivirt wird. Er sendet zunächst die jüdische Behörde an Jesus, der mit κύριε angeredet wird, sodann seine Freunde. Diese reden, als wenn sie die Bestellung auswendig gelernt hätten, ihre Worte passen nur in den Mund des Hauptmanns selber, wie bei Mt. Auf Lc hat der § 27 eingewirkt, wo die Leute des Jairus hinter ihm herschicken und sagen, er solle den Meister nicht in sein Haus bemühen. Bemerkenswert ist ἐλθών in 7, 3: Jesus wird anfangs doch gebeten, er solle kommen. Dadurch wird die Auffassung von Mt. 8, 6 als Frage bestätigt. Bei Lc sträubt sich Jesus aber nicht. Für ἰαθήτω 7, 7 liest D das Futurum.

7, 9. Es liegt hier eine ähnliche Variante vor wie in 6, 3. Die gewöhnliche Lesart ist: nicht einmal in Israel habe ich solchen Glauben gefunden. Dadurch soll scharf hervorgehoben werden, daß der Hauptmann ein Heide sei. Aber D liest οὐδέποτε und stellt ἐν τῷ Ἰσρ. ans Ende. Darnach habe ich übersetzt. Den Spruch, daß die Heiden die Juden ausstechen (Mt. 8, 11. 12), hat Lc nicht an dieser Stelle, sondern an anderer (13, 28. 29).

Lc. 7, 11—17.

Und demnächst wanderte er nach einer Stadt mit Namen Nain und mit ihm seine Jünger und viel Volk. [12]Wie er nun nahe bei dem Tor der Stadt war, da wurde ein Toter zu Grabe getragen, der einzige Sohn seiner Mutter, einer Witwe, und ein zahlreicher Haufe aus der Stadt war dabei. [13]Bei dem Anblick hatte er Mitleid mit ihr und sagte: weine nicht! [14]Und er trat an den Sarg, berührte ihn — die Träger machten Halt — und sprach: Jüngling, ich sage dir, wach auf! [15]Und der Tote richtete sich auf und saß und begann zu reden, und er gab ihn seiner Mutter. [16]Und Furcht kam alle an, und sie priesen Gott und sagten: ein großer Prophet ist unter uns erstanden und Gott hat sich nach seinem Volke umgesehen. [17]Und diese Rede verbreitete sich über ihn in ganz Judäa und überall in der Umgegend.

7, 11. Dieses Beispiel einer Totenerweckung, vor vielen Zeugen, auf öffentlicher Straße, findet sich nur bei Lc; er setzt es hierher wegen 7, 22, aus dem gleichen Grunde, weshalb Mt den § 27

(Mt. 9, 18—26) vorschiebt. Nain wird wie Kana und Chorazin von Mc nicht erwähnt. Es liegt ziemlich weit ab von Kapernaum — was dem Lc schwerlich bewußt ist. Τῷ ἑξῆς (vgl. 8, 1) scheint allgemeineren Sinn zu haben als τῇ ἑ.

7, 12. Es ist καὶ αὐτή zu schreiben (2, 37. 8, 42), wie καὶ αὐτός (5, 1. 17 usw.); αὕτη ist stilwidrig. D gräzisirt: χήρᾳ οὔσῃ.

7, 13. Der Nominativ ὁ κύριος für Jesus kommt bei Mc nie, bei Lc häufig vor. Aber die Hss. schwanken dabei und namentlich in D fehlt ὁ κύριος öfters; die Syra S. setzt es in Mt. 8, 1—11, 1 regelmäßig ein.

7, 14. Der Sarg wird offen getragen und das obere Brett erst bei der Einsenkung darauf geschlagen. Nach jüdischer Sitte wurde aber die Leiche in Zeug gewickelt und auf einer Bahre zu Grabe getragen; so auch Jos. Ant. 17, 197 s. und Vita 323. Ein Sarg wird nur ausnahmsweise erwähnt (Gen. 50, 26. Jos. Ant. 15, 6. 46). — Jesus berührt nach unserem griechischen Text den Sarg, und nur zu dem Zweck, daß die Träger stehn bleiben. Nach der ursprünglichen Meinung wird er aber den Toten berührt haben; die Heilung durch ἁφή soll vermieden werden. Aphraates (ed. Wright p. 165) hat νεανίσκε doppelt gelesen und daran eine merkwürdige Theorie geknüpft.

Q*. 7, 18–35. Mt. 11, 1–19.

Und dem Johannes berichteten seine Jünger von all dem. Und er rief zwei seiner Jünger zu sich und sagte: [19]geht, fragt ihn: bist du der kommende Mann, oder sollen wir auf einen andern warten? [20]Und die Männer erschienen bei Jesus und sagten: Johannes der Täufer läßt dir durch uns sagen: bist du der kommende Mann oder sollen wir auf einen anderen warten? [21]Zu jener Stunde heilte er viele von Krankheiten und Plagen und bösen Geistern, und Blinden verlieh er zu sehen. [22]Und er antwortete und sprach zu ihnen: geht und meldet Johannes, was ihr seht und hört, Blinde sehen wieder, Lahme gehn, Aussätzige werden rein und Stumme hören, Tote stehn auf, Arme empfangen frohe Botschaft; [23]und selig ist, wer nicht an mir Anstoß nimmt.

[24]Als aber die Boten Johannes' weggegangen waren, begann er dem Volk zu sagen über Johannes: Wozu seid ihr

hinaus in die Wüste gegangen? ein Rohr zu schauen, das im
Winde schwankt? ²⁵Oder wozu seid ihr ausgegangen? einen
Menschen mit weichen Kleidern angetan zu sehen? die Leute,
die prächtige Kleider tragen und üppig leben, sind an den
Königshöfen. ²⁶Oder wozu seid ihr ausgegangen? einen Propheten zu sehen? ja, ich sage euch, mehr noch als ein Prophet ist dieser, ²⁷von dem geschrieben steht: siehe, ich sende
deinen Boten vor dir her, der dir den Weg bereiten soll.
²⁸Ich sage euch: größer unter den Weibgeborenen als Johannes
ist niemand, jedoch der Kleinste im Reiche Gottes ist größer
als er. ²⁹Und das ganze Volk, hörend, und auch die Zöllner
gaben Gott Recht und ließen sich mit der Taufe Johannes
taufen, ³⁰aber die Pharisäer und Gesetzeslehrer verwarfen den
Ratschluß Gottes für sich und wollten sich nicht von ihm
taufen lassen. ³¹Wem soll ich nun die Menschen dieses Geschlechtes vergleichen, und wem gleichen sie? ³²Sie gleichen
Kindern, die auf der Straße sitzen und einander zurufen: wir
haben gepfiffen und ihr habt nicht getanzt; wir haben geklagt
und ihr habt nicht auf die Brust geschlagen. ³³Denn Johannes
[der Täufer] ist gekommen, nicht Brot essend und nicht Wein
trinkend, da sagt ihr: er ist besessen. ³⁴Der Menschensohn
ist gekommen, essend und trinkend, da sagt ihr: es ist ein
Fresser und Säufer, ein Freund von Zöllnern und Sündern.
³⁵Und so ist die Weisheit gerechtfertigt vor ihren Kindern.

7, 18. Lc hat dies Stück mit Recht vor der Aussendung der
Apostel; übrigens stimmt er darin mit Mt (11, 1ss.) stark überein,
auch im griechischen Wortlaut. Johannes gilt als bekannt und
wird nicht einmal der Täufer genannt. Also ist 3, 1—17 vorausgesetzt und auch 3, 18—20, so daß Johannes im Gefängnis zu
denken ist (gegen Usener). Daß er dort von seinen Angehörigen
besucht wird, entspricht der orientalischen Sitte.

7, 21 ist ein pragmatischer Zusatz, wodurch Lc dem Worte
„was ihr seht und hört" (7, 22) eine Unterlage geben will; s. zu
Mt. 11, 5.

7, 24. Τί kann bei Lc sowol warum als was bedeuten.

7, 28. Mt (11, 11) sagt: kein Größerer ist bisher erstanden
als Johannes. Lc bringt durch Vereinfachung der Aussage einen
Widerspruch hinein, den D durch Einschiebung von προφήτης vergeblich zu heben sucht.

7, 29. 30. An stelle des Einschubs Mt. 11, 12—15 (= Lc. 16, 16)
steht bei Lc hier ein anderer Einschub (= Mt. 21, 32), der noch
weniger paßt. Die beiden Verse enthalten eigentlich Erzählung.
Sie sind aber in die Rede Jesu eingefügt; was dann ἀκούσας heißen
soll (gehorsam?), ist unklar. „Sie gaben Gott Recht" (7,29) wird
durch die Antithese im folgenden Verse erklärt: sie erkannten in
der Sendung Johannes' einen göttlichen Beschluß an, dem sie Folge
leisteten. In dieser Antithese (7, 30) läßt sich εἰς ἑαυτούς (fehlt
in D) schlecht verstehn; soll es einfach ihrerseits bedeuten? oder:
sie erkannten den Beschluß Gottes nicht als sie angehend an?
Der Ausdruck Taufe Johannes' klingt so, als ob es damals bereits auch eine christliche Taufe gegeben habe.

7, 31. Lc läßt die Rede ununterbrochen fortgehn, ohne einen
Einschnitt zu machen.

7, 32. D liest richtig λέγοντες. Durch λέγοντα soll das anstößige Genus und durch ἃ λέγουσι dann auch noch der anstößige
Kasus beseitigt werden.

7, 35. Τῶν τέκνων ist richtig, aber nicht πάντων, welches in
D und anderen Zeugen fehlt; s. zu Mt. 11, 18. 19.

Lc. 7, 36—50. § 70.

Ein Pharisäer aber bat ihn, er möchte mit ihm essen,
und er ging in das Haus des Pharisäers und setzte sich zu
Tisch. [37]Da erfuhr ein Weib in der Stadt, eine Sünderin, daß
er bei dem Pharisäer zu Tisch war. Und sie beschaffte ein
Glas mit Balsam [38]und trat weinend hinten zu seinen Füßen
und netzte seine Füße mit ihren Tränen und trocknete sie mit
dem Haar ihres Hauptes und küßte seine Füße und salbte sie
mit dem Balsam. [39]Als nun der Pharisäer [der ihn eingeladet
hatte] das sah, sprach er bei sich selber: wenn dieser ein
Prophet wäre, so wüßte er, wer und was für eine diese ist
[denn sie ist eine Sünderin]. [40]Und Jesus hub an und sprach
zu ihm: Simon, ich habe dir etwas zu sagen. Er sagte: sprich,
Meister! [41]Er sprach: Ein Darleiher hatte zwei Schuldner,
der eine schuldete ihm fünfhundert Silberlinge, der andere
funfzig. [42]Da sie nun nicht zahlen konnten, schenkte er es
beiden. Welcher von ihnen wird ihn nun am meisten lieben?

⁴³Simon autwortete: ich denke der, dem er das meiste geschenkt hat. Er sagte: du urteilst richtig. ⁴⁴Und zu dem Weibe gewandt, sprach er zu Simon: Du siehst das Weib da — ich bin in dein Haus gekommen, kein Wasser hast du mir auf die Füße gegeben, sie aber hat meine Füße genetzt mit ihren Tränen und sie getrocknet mit ihrem Haar. ⁴⁵Keinen Kuß hast du mir gegeben, sie aber hat, seit sie hereinkam, nicht aufgehört meine Füße zu küssen. ⁴⁶Mit Öl mein Haupt hast dn nicht gesalbt, sie aber hat meine Füße gesalbt mit Balsam. ⁴⁷Darum, sage ich dir, ihr ist viel erlassen, weil sie viel geliebt hat, [wem aber wenig erlassen wird, der liebt wenig]. ⁴⁸Und er sagte zu ihr: dir sind die Sünden erlassen. ⁴⁹Und die Tischgäste begannen bei sich zu sprechen: wer ist der, daß er sogar Sünden erläßt! ⁵⁰Er aber sagte zu dem Weibe: dein Glaube hat dich gerettet, geh in Frieden!

7, 36. 37. Die hier beginnende Geschichte ist eine Umgestaltung von § 70 (Mc. 14, 3—9). Die Stadt (7, 37) wird nicht genannt, um die Lokalität kümmert sich Lc wenig. Die Szene ist aber die selbe wie in § 70; das anonyme Weib, das bei einem Gastmahl eindringt und Jesus mit einem ἀλάβαστρον μύρου salbt, kehrt wieder, und auch der Name des Gastgebers, Simon. Wir haben hier also ein weiteres Beispiel zu 4, 16ss. 5, 1ss. Und auch in diesem Falle hat die Umgestaltung das Original bei Lc verdrängt; der § 70 fehlt an seiner Stelle, zwischen Lc. 22, 2 und 22, 3. — Auch in 11, 37. 14, 1 ist Jesus bei einem Pharisäer zu Tisch; das Erscheinen von ungeladenen Personen bei einer solchen Gelegenheit scheint nichts auffälliges zu haben (Mc. 2, 16. 14, 3. Lc. 14, 2) — wir würden uns über das Eindringen einer Dirne in eine wenn auch nur aus Männern bestehende Gesellschaft noch ganz anders entsetzen als der Pharisäer.

7, 38. Vorn ist der Kopf, hinten sind die Füße. Es könnte auch unten gesagt sein; indessen Jesus steht oder sitzt nicht, sondern er liegt.

7, 39. Die eingeklammerten Sätze sind Interpretamente. Das erste fehlt in der Syropalästina, das zweite in D.

7, 40—46. Jülicher hat erkannt, daß das Gleichnis 7, 41—43 und der darauf folgende, neu eingeleitete Passus 7, 44—46 innerlich nicht zusammengehören. Das Gleichnis ist wertvoller, darum aber noch nicht ursprünglicher an dieser Stelle.

7, 47. In D heißt es einfach: ἀφέωνται αὐτῇ πολλά. Weil
der Plural des Verbs für· neutrales Subjekt sich nicht gehört, ist
πολλά in αἱ ἁμαρτίαι αἱ πολλαί verändert, aber nicht verbessert.
Die ganze zweite Hälfte von 7, 47 (von ὅτι an) fehlt in D, aber
damit die Moral des Ganzen. Freilich bietet diese Moral Schwierig-
keiten. Richtet man sich nach dem Gleichnis (7, 41—43), so
würde der Sinn sein: ihr ist viel vergeben, das zeigt sich daran,
daß sie viel geliebt hat. Dann wäre also die Vergebung das Prius
und die Liebe das Posterius. ΄ Aber das erzählte Faktum hat mehr
Anrecht berücksichtigt zu werden als das Gleichnis, denn die Moral
ist doch eben durch dieses Faktum veranlaßt. Richtet man sich
nun nach der eigentlichen Erzählung (7, 36—38), deren bezeich-
nende Züge unmittelbar vor der Moral noch einmal rekapitulirt
werden (7, 44—46), so geht die Liebe der Vergebung voraus, und
man muß verstehn: wegen der großen Liebe, die sie bewiesen hat,
ist ihr viel vergeben. Dies Verständnis liegt überhaupt am nächsten
und wird auch durch das Präteritum ἠγάπησεν gefordert. Man muß
dann das Gleichnis (7, 41—43) als später eingetragen betrachten,
und ebenso auch das davon abhängige antithetische Korrolaríum
in 7, 47: wem aber wenig vergeben wird, der liebt wenig.

Eine ähnliche Geschichte wird dem arabischen Propheten in
den Mund gelegt. „Eine fahrende Dirne (mumisa = μῖμος) kam
vorbei bei einem Hunde, der lechzend und verkommen am Rande
eines Brunnens lag — da zog sie ihren Schuh aus, band ihn an ihre
Kopfbinde und schöpfte darin Wasser für den Hund: darum sind
ihr ihre Sünden vergeben." Hier ist das Objekt der Liebe gleichgiltig, ein Hund genügt. Dagegen in Lc. 7, 36ss. handelt es sich
nach dem Vorbilde von Mc. 14, 3—9 speziell um Liebe, die der
Person Jesu erwiesen wird. In dem Spruch 7, 47 tritt das freilich
nicht hervor.

7, 48—50. Mit der Moral 7, 47 müßte die Erzählung schließen.
Schon der Vers 48 hängt über, und in höherem Grade noch die
beiden folgenden Verse (Jülicher). In 7, 50 wird 7, 48 bestätigt,
jedoch mit eigentümlicher Modifikation: die Sündenvergebung erfolgt nicht wegen der Liebe, sondern wegen des Glaubens. Das
mutet an dieser Stelle paulinisch an. Von Paulinismus ist sonst
bei Lc wenig zu finden, auch nicht in 7, 36—47, wenn man von
7, 41—43 und von dem Korrolarium in 7, 47 absieht, worin möglicherweise seine Einwirkung gespürt werden könnte.

III. Lc. 8, 1—9, 50.

§ 19–21. § 18. Lc. 8, 1–21.

Und in der Folge wanderte er von Stadt zu Stadt und von Dorf zu Dorf, predigend und das Reich Gottes ankündigend, und mit ihm die Zwölfe ²und auch einige Frauen, die von bösen Geistern und Krankheiten geheilt waren, Maria genannt Magdalena, aus der sieben Dämonen ausgefahren waren, ³und Johanna, die Frau von Herodes' Verwalter Chuza, und Susanna und viele andere, die aus ihrem Vermögen für seinen Unterhalt sorgten.

⁴Da nun viel Volk zusammenkam und Leute aus allen Ortschaften ihm zuliefen, sprach er im Gleichnis: Ein Säemann ging aus, zu säen seinen Samen. ⁵Und beim Säen fiel etliches den Weg entlang und ward zertreten und die Vögel fraßen es auf. ⁶Und anderes fiel auf das Gestein, und nachdem es aufgegangen war, verdorrte es, weil es keine Feuchtigkeit hatte. ⁷Und anderes fiel unter die Dornen, und die Dornen gingen mit auf und erstickten es. ⁸Und anderes fiel auf das gute Land und ging auf und trug hundertfältige Frucht. Als er das gesagt hatte, rief er: wer Ohren hat zu hören, höre.

⁹Seine Jünger aber fragten ihn, was dies Gleichnis sein sollte. ¹⁰Er sprach: Euch ist gegeben, die Geheimnisse des Reiches Gottes zu erkennen; den anderen aber (werden sie mitgeteilt) in Gleichnissen, damit sie sehend nicht sehen und hörend nicht verstehn. ¹¹Dies aber ist das Gleichnis. Der Same ist das Wort Gottes. ¹²Die am Wege, das sind die, die es hören, dann kommt der Teufel und nimmt das Wort aus ihrem Herzen weg, daß sie nicht glauben und gerettet werden. ¹³Die auf dem Gestein, das sind die, die das Wort, wenn sie es hören, mit Freuden aufnehmen, sie haben aber keine Wurzel, sondern glauben nach Zeit und Umständen und zur Zeit der Versuchung fallen sie ab. Das unter die Dornen gefallene, sind die, die da hören, und dann gehn sie und lassen sich ersticken von den Sorgen des Reichtums und den Genüssen des Lebens und bringen es nicht zur Reife. ¹⁵Das in dem schönen Lande sind die, die das Wort hören und in einem guten Herzen festhalten und Frucht bringen in Geduld.

[16]Niemand aber bedeckt ein angezündetes Licht mit einem Gefäß oder stellt es unter ein Bett, sondern auf einen Leuchter, damit die Eintretenden das Licht sehen. [17]Denn es ist kein Verborgenes, das nicht offenbar werde, und kein Geheimes, das nicht bekannt werde und an das Licht komme. [18]Gebt nun acht, wie ihr hört; denn wer da hat, dem wird gegeben, und wer nicht hat, dem wird auch das, was er zu haben meint, weggenommen.

[[19]Da erschienen seine Mutter und seine Brüder, und konnten nicht an ihn heran wegen des Volkes.] [20]Und es wurde ihm gemeldet: deine Mutter und deine Brüder stehn draußen und wollen dich sehen. [21]Er aber antwortete ihnen: meine Mutter und meine Brüder sind die, die das Wort Gottes hören und tun.

8, 1—3. Diese drei Verse leiten ein neues Kapitel ein: Jesus verläßt Kapernaum und begibt sich auf die Wanderung. Der Abschnitt wird hier stärker gekennzeichnet, als in 9, 51, wo die Wendung nach Jerusalem eintritt. In die Zeit der Wanderung verlegt Lc die Hauptmasse seines Stoffes, Kapernaum kommt bei ihm nicht minder zu kurz als bei Joa. Ganz passend verschiebt er in seiner Einleitung (8, 1—3) das, was bei Mc (15, 41) ganz am Ende nachgetragen wird, an den Anfang des Wanderlebens. Er schöpft indessen die Einzelheiten, die er dabei vorbringt, nicht aus Mc. Er nennt andere Frauen und läßt erkennen, daß die Tradition noch mehr weiß, als er sagt. Die Austreibung der sieben Dämonen aus der Magdalena deutet er nur an, als sei sie bekannt.

In dem durch 8, 1—3 eröffneten Abschnitt, der bis 9, 50 reicht, bringt Lc die Marcusstücke von § 18—48 unter und weiter nichts. Mit 8, 4 lenkt er wieder in Mc ein, kommt aber von § 15. 16 (6, 12—19) gleich auf die Gleichnisgruppe § 19—21 (8, 3—18, ohne den Anhang § 22—24), bringt § 18 erst hinterdrein (8, 19—21) und gibt für § 17 an anderer Stelle (11, 14ss) eine Variante aus Q. Darauf geht er zu der Gruppe § 25—27 über (8, 22—56), dann mit Auslassung von § 28 zu § 29 und der folgenden Gruppe § 30—42 (9, 1—17), die jedoch bei ihm auf § 30—32 beschränkt ist, dann zu § 43—48 (9, 18—50). Warum er schon die Gleichnisrede nicht mehr in Kapernaum gehalten sein läßt, ist unerfindlich; aber, daß er die Gruppe § 25—27 in die Zeit der Wanderung verlegt und mit der folgenden zu-

sammenfaßt, ist nicht ganz ohne Grund, da wenigstens die See-
fahrt § 25 in der Tat eine Projektion derjenigen von § 33 sein
könnte: die beiden späteren Seefahrten § 33 und § 40 fehlen bei Lc.
8, 4—8. (Mc. 4, 1—9). Da Jesus sich nach Lc nicht mehr
in Kapernaum am See befindet, so redet er auch nicht vom Schiff
aus. Die ungelenke weitläufige Redeweise des Mc ist geschickt
vereinfacht. Der biblische Ausdruck „die Vögel des Himmels"
(8, 5) stammt aus Mt, der Himmel fehlt mit Recht in Syra S.
und D.

8, 9—15 (Mc. 4, 10—20). Der Same (8, 11) ist nicht wie bei
Mc das lehrende Wort überhaupt, sondern das Wort Gottes, d. i.
bei Lc die christliche Verkündigung. Auch am Schluß von 8, 12
christianisirt er. Sie fallen ab (8, 13) ist richtige Deutung von
σκανδαλίζονται, letzteres findet sich bei Lc selten. Am Anfang von
8, 14 und 15 bricht der Singular des Mc wieder durch, während
vorher der Plural steht.

8, 16—18 gibt Mc. 4, 21—25 wieder. Die an die Säemannsparabel angehängten Varianten bei Mc hat Lc entweder noch nicht
vorgefunden oder ausgelassen, eine davon bringt er an späterer
Stelle (13, 18—21).

8, 19—21 ist eine mildernde Kürzung von § 18 (Mc. 3, 31
bis 35). Nicht ohne Grund wird diese Erzählung von Lc anders
gestellt, wie zu Mc § 16 am Schluß (p. 26) gezeigt ist. Den Ausdruck „die den Willen Gottes tun" (Mc. 3, 35) verändert Lc (8, 21)
in „die das Wort Gottes hören und tun", um dadurch eine innere
Verbindung mit der Moral der vorangehenden Säemannsparabel
herzustellen. Der Vers 8, 19 fehlt bei Marcion. Er ist überflüssig
und entspricht dem ἔξω (8, 20) nicht, welches voraussetzt, daß
Jesus sich in einem Hause befindet. Freilich ist bei Lc nie davon
die Rede, daß Jesus in Kapernaum in einem Hause wohnt, und
auch nicht davon, daß er auf der Wanderung in einem Hause sich
befindet.

§ 25-27. Lc. 8, 22-56.

Eines Tages aber trat er mit seinen Jüngern in ein Schiff
und sagte zu ihnen: laßt uns hinüber auf das andere Ufer des
Sees. Und sie fuhren ab, ²³auf der Fahrt aber schlief er ein.
Und es fiel ein Windsturm auf den See, und sie bekamen

Wasser ins Schiff und gerieten in Gefahr. [24]Da traten sie herzu und weckten ihn und sagten: Meister, Meister, wir gehn zu grunde! Er aber wachte auf und schalt den Wind und den Wogenschwall, und sie legten sich und es ward stilles Wetter. [25]Und er sagte zu ihnen: wo ist euer Glaube! Sie aber fürchteten sich und staunten und sprachen einer zum andern: wer ist denn dieser, daß er auch den Winden und dem Wasser gebietet und sie ihm gehorchen!

[26]Und sie fuhren hin zum Lande der Gerasener, das gegenüber von Galiläa liegt. [27]Und als sie ausstiegen, kam ihm ein Mann aus der Stadt entgegen, der war von Dämonen besessen seit geraumer Zeit und hatte keine Kleider an und hielt sich in keinem Hause auf, sondern unter den Gräbern. [28]Da er nun Jesus sah, fiel er mit einem Schrei vor ihm nieder und sprach mit lauter Stimme: was habe ich mit dir zu schaffen, Sohn des Höchsten! ich bitte dich, quäl mich nicht. [29]Er hatte nämlich dem unreinen Geist befohlen, von dem Menschen auszufahren; denn er hatte ihn oft gepackt, und wenn er an Händen und Füßen gefesselt wurde, zur Sicherheit, so zerriß er die Bande und fuhr vom Dämon getrieben in die Einöden. [30]Jesus aber fragte ihn: was ist dein Name. Er sagte: Legion, denn viele Dämonen steckten in ihm. [31]Und sie baten ihn, er möchte ihnen nicht befehlen, in den Abgrund zu fahren. [32]Es war aber dort eine zahlreiche Schweineherde auf der Weide am Berge, und sie baten ihn, in die Schweine fahren zu dürfen, und er gestattete es ihnen. [33]Und die Dämonen fuhren aus dem Manne aus und hinein in die Schweine, und die Herde stürmte den steilen Abhang hinab in den See und ertrank. [34]Da aber die Hirten sahen, was geschehen war, flohen sie und berichteten es in der Stadt und auf den Dörfern. [35]Da gingen sie aus zu sehen was geschehen war, und kamen zu Jesus und fanden den Mann, aus dem die Dämonen ausgefahren waren, bekleidet und vernünftig zu Jesu Füßen sitzen. Und sie fürchteten sich — [36]die Augenzeugen erzählten ihnen nämlich, wie der Besessene gesund geworden war. [37]Und alle Leute aus der Gegend der Gerasener baten ihn, er möchte von ihnen weichen; denn sie waren in großer Furcht befangen. Er aber ging zu Schiff und kehrte zurück. [38]Und der Mann, aus dem die Dämonen ausgefahren waren, bat bei ihm bleiben zu dürfen, er schickte ihn

aber weg und sprach: [39]kehr heim und erzähl, was Gott dir
getan hat. Und er ging weg und verkündete in der ganzen
Stadt, was Jesus an ihm getan hatte.
[40]Bei seiner Rückkunft aber wurde Jesus von dem Volk
empfangen, denn alle warteten auf ihn. [41]Da kam einer mit
Namen Jairus, der war Vorsteher der Gemeinde, und er fiel
Jesu zu Füßen und bat ihn, in sein Haus zu kommen, [42]weil
er eine Tochter von etwa zwölf Jahren hatte, sein einziges
Kind, und die lag im Sterben. Und er ging hin, in einem
Gedränge zum Ersticken. [43]Und eine seit zwölf Jahren mit
Blutfluß behaftete Frau, die bei niemand Heilung hatte finden
können, [44]trat heran und berührte sein Kleid, und alsbald
kam ihr Blutfluß zum Stillstand. [45]Und Jesus fragte: wer
hat mich angerührt? Da aber alle leugneten, sagte Petrus:
Meister, die Leute hängen sich an dich und drängen. [46]Er
aber sprach: es hat mich jemand angerührt, denn ich habe
bemerkt, wie eine Kraft von mir ausging. [47]Da nun die Frau
sah, daß sie nicht unbemerkt geblieben war, kam sie zitternd
an, fiel vor ihm nieder und bekannte vor allem Volke, wes-
wegen sie ihn angerührt hätte und daß sie sogleich geheilt
wäre. [48]Er aber sprach zu ihr: meine Tochter, dein Glaube
hat dich gesund gemacht, geh in Frieden. [49]Wie er noch
redete, kam einer von dem Hause des Gemeindevorstehers und
sagte: deine Tochter ist gestorben, bemühe den Meister nicht
weiter. [50]Da Jesus das hörte, sprach er zu ihm: hab keine
Furcht, glaub nur, so wird sie gerettet werden. [51]Als er nun
in das Haus eintrat, ließ er keinen mit hinein, außer Petrus,
Johannes und Jakobus, und Vater und Mutter der Tochter.
[52]Und alle weinten und jammerten laut um sie. Er aber
sprach: weint nicht, sie ist nicht tot, sondern schläft. [53]Und
sie verlachten ihn, da sie wußten, daß sie gestorben war.
[54]Da ergriff er ihre Hand und rief: Mädchen, steh auf. [55]Und
ihr Geist kehrte zurück, und sie stand sogleich auf. [56]Und
ihre Eltern waren ganz außer sich, er aber gebot ihnen, keinem
zu sagen, was geschehen war.

8, 22—25 (Mc. 4, 35—41). Obwol Jesus nach 8, 1—3 gar
nicht mehr in Kapernaum am See ist, steigt er hier doch zu Schiff,
um an das andere Ufer zu fahren. Den künstlichen Zusammenhang dieser Perikope mit der Gleichnisrede bei Mc, der durch das

Halten derselben vom Schiff aus veranlaßt ist, hat Lc aber nicht;
Jesus ist nicht schon im Schiff, sondern steigt erst ein, und nicht
am selben Tage (Mc. 4, 35), sondern eines Tages (8, 22). Allerlei
scheinbar Unwichtiges wird ausgelassen. Nachteilig ist das Fehlen
der Tageszeit; die Nacht gehört (wie in Mc. 6, 45ss) durchaus
dazu, wegen der Schauerlichkeit und auch weil Jesus schläft.
Die Anrede an die Jünger (8, 25) wird christianisirt; statt „was
seid ihr so bange, wie wenig Vertrauen habt ihr" heißt es: wo ist
euer Glaube!

8, 26—39 (Mc. 5, 1—20). Lc verkürzt die Vorlage nicht so
stark wie Mt, nimmt aber einige Änderungen und Umstellungen
vor. Die Geographie ist ihm nicht anschaulich. Darum braucht
man bei ihm an dem Lande der Gerasener oder der Gadarener
sich nicht zu stoßen, so seltsam auch die Angabe ist, es habe
grade gegenüber von Galiläa gelegen. Die Dekapolis kennt er
nicht; für „in der Dekapolis" sagt er 8, 39: in der ganzen Stadt.
Die Abyssus (8, 31) wird von der Hölle zu verstehn sein, in
welche die Dämonen sonst freilich erst beim jüngsten Gericht geworfen werden. Für ὁ δαιμονισθείς 8, 36 hat D ὁ λεγιών, die
Syra S. einfach der Mann. In 8, 35 verwandelt D die paratak-
tischen Hauptsätze in Genitivi absoluti und zieht ἐξῆλθον καὶ ἦλθον
in ein einziges Verbum zusammen; die scheinbar sehr starke
Variante reduzirt sich auf griechische Periodisirung (5, 1. 17). Umgekehrt 8, 27.

8, 40—56 (Mc. 5, 21—43). Die Tochter ist bei Lc (8, 42)
das einzige Kind ihrer Eltern. Petrus tritt (8, 45) auf kosten der
übrigen Jünger hervor. „Sei gesund von deiner Plage" (Mc. 5, 34)
wird vergeistlicht in: geh in Frieden (8, 48, wie 7, 50). Wie alle
anderen aramäischen Ausdrücke, z. B. Kananäus und Golgatha, so
läßt Lc (8, 54) auch die Formel Talitha kumi aus, jedoch nicht
die griechische Übersetzung, die bei Mt (9, 25) gleichfalls fehlt.
Mit dem vorangestellten ἐγένετο in 8, 40 und 8, 42 mag D das
Echte erhalten haben, nicht aber mit ἀποθνήσκουσα (8, 42) für
καὶ αὐτὴ ἀπέθνησκεν. In 8, 44 habe ich nach D übersetzt.

§ 29–32. Lc. 9, 1–17.

Und er rief die Zwölfe zusammen und gab ihnen Kraft
und Vollmacht über alle Dämonen, und Kranke zu heilen.

³Und er sandte sie aus, das Reich Gottes zu verkünden und gesund zu machen. ³Und er sprach zu ihnen: nehmt nichts mit auf den Weg, weder Stab noch Tasche, noch Brod noch Geld, noch je zwei Kleider. ⁴Und in dem Hause, in das ihr eingeht, da herbergt und von da geht aus. ⁵Und wo ihr keine Aufnahme findet, aus der Stadt geht weg und schüttelt den Staub von euren Füßen, zum Zeugnis wider sie. ⁶Da zogen sie aus und durchwanderten Dorf für Dorf, predigten das Evangelium und heilten allerwegen.

⁷Da aber der Vierfürst Herodes hörte, was geschah, geriet er in Verlegenheit, weil einige sagten: Johannes ist erweckt von den Toten, ⁸andere: Elias ist erschienen, wieder andere: einer von den alten Propheten ist wieder auferstanden. ⁹Und Herodes sagte: Johannes habe ich enthauptet, wer ist aber der, von dem ich solche Dinge höre? und er trachtete, ihn zu sehen.

¹⁰Und bei ihrer Rückkunft erzählten ihm die Apostel, was sie alles getan hätten. Und er nahm sie und zog sich mit ihnen allein zurück in ein Dorf, namens Bethsaida. ¹¹Die Leute merkten es aber und folgten ihm, und er nahm sie in Empfang und redete zu ihnen über das Reich Gottes, und die der Heilung Bedürftigen machte er gesund. ¹²Da nun der Tag begann sich zu neigen, traten die Zwölf heran und sagten zu ihm: entlaß die Leute, damit sie in die Dörfer und Höfe ringsum gehn, um Herberge und Nahrung zu finden, denn wir sind hier an einem öden Orte. ¹³Er sprach zu ihnen: gebt ihr ihnen zu essen. Sie sagten: wir haben nicht mehr als fünf Laibe Brot und zwei Fische, wir müßten denn selber gehn und Speise kaufen für all dies Volk — es waren nämlich gegen fünftausend Männer. ¹⁴Er aber sprach zu seinen Jüngern: laßt sie sich tischweise zu je funfzig lagern, und sie taten so. ¹⁶Da nahm er die fünf Laibe und die zwei Fische und sah auf gen Himmel und betete, und sprach den Segen darüber aus und ließ es die Jünger den Leuten vorsetzen, ¹⁷Und sie aßen und wurden alle satt, und was übrig blieb an Brocken, wurde aufgehoben, zwölf Körbe voll.

9, 1—6 (Mc. 6, 7—13). Den § 29 läßt Lc gleich auf § 27 folgen, weil er den § 28 schon in 4, 16ss. voraus genommen zu haben sich bewußt ist. Er gibt die Aussendung der Missionare hier nach Mc,

ändert aber einiges nach Q (10, 1 ss.); so in 9, 3 und auch in 9, 5,
wo er für ἐκεῖθεν (Mc. 6, 11) setzt: ἐκ τῆς πόλεως ἐκείνης. Inhalt
der evangelischen Lehre ist bei Lc (9, 2. 11) wie bei Mt das Reich
Gottes. Der Infinitiv am Schluß von 9, 3 paßt nicht zu den Imperativen, er fehlt im Sinaiticus. In 9, 4 ist gesagt, sie sollen
ihre Herberge (19, 5. Ioa. 1, 39) zum Ausgangspunkt ihrer Mission
in der Stadt machen.

9, 7—9 (Mc. 6, 14—16). „Einer von den alten Propheten ist
wieder auferstanden" (9, 8) läuft dem Sinn der entsprechenden
Äußerung in der Vorlage schnurstracks zuwider; s. zu Mt. 16, 14.
Über den Schluß von 9, 9 s. zu Mc § 30 und zu Mt. 14, 12. Den
Nachtrag Mc. 6, 17—29 läßt Lc aus, weil er in die Zeitfolge nicht
paßt, gibt aber den Inhalt an chronologisch richtigerer Stelle
(3, 18—20), wo er freilich die Enthauptung des Täufers noch nicht
unterbringen kann, so daß er dieselbe überhaupt nicht erzählt,
sondern nur aus der Äußerung des Herodes (9, 9) entnehmen läßt.

9, 10—17 (Mc. 6, 30—44). Lc setzt die Speisung der Fünftausend in die selbe Verbindung mit der Rückkehr der Apostel
wie Mc. Als Ort gibt er Bethsaida an (9, 10). Die Speisung
findet jedoch in einsamer Gegend statt. Darum korrigiren der
Sinaiticus und die Syra C. εἰς τόπον ἔρημον für εἰς Βηθσ., die
Recepta dagegen εἰς τόπον ἔ. πόλεως κ. Βηθσ. und ähnlich (doch
ohne ἔρημον) auch die Syra S., wo latrâ zu restituiren sein
wird und nicht l'tarʿâ. Möglicherweise richtig heißt Bethsaida in
D ein Dorf, das alte Dorf kann von der neuen Stadt Julias unterschieden sein. Für die Jünger setzt Lc (9, 12) die Zwölfe, weil
nach dem Zusammenhang nur von den Aposteln die Rede sein
könnte. In 9, 15. 16 habe ich nach D übersetzt, das Beten ist
echt lukanisch (3, 21. 9, 29) und das Brechen paßt nicht zu den
von Lc hier mit aufgeführten Fischen. Die gewöhnliche Überlieferung konformirt nach Mc oder Mt.

Von § 32 springt Lc auf § 43 über. Was bei Mc in der
Mitte liegt, ist eine spätere Compilation. Unzweifelhaft gibt aber
Lc nicht den echten Kern wieder, der zu grunde liegt. Er berichtet zwar mit Recht die Speisung nur einmal, zieht indessen die
spätere Variante vor, die bei Mc voransteht, und bringt sie grade
so wie Mc (im Gegensatz zu Mt) in Verbindung mit der Aussendung
und der Rückkehr der Apostel, d. h. mit zwei Stücken, die am wenig-
sten zum Grundstock der Tradition gehören können. Die Überfahrt

über den See nach der Speisung läßt er überhaupt aus; aber
grade an dieser Stelle ist sie doppelt (§ 33. 40) bezeugt und von
pragmatischer Wichtigkeit, sofern sie das Ausweichen von Kapernaum nach dem Gebiet des Philippus bedeutet und die Periode
der unsteten Wanderung eröffnet. Viel entbehrlicher ist sie an
der Stelle, wo auch Lc sie gibt (8, 22—25. § 25); denn da ist sie
nur ein Ausflug und die Gelegenheit für ein Wunder. Es kommt
noch hinzu, daß Lc Bekanntschaft mit dem bei ihm fehlenden
§ 33 zu verraten scheint. Eine Spur davon läßt sich vielleicht in
dem einsamen Gebet 9, 18 = Mc. 6, 46 erkennen; eine sicherere
in der Vorschiebung des Übergangs nach Bethsaida von Mc. 6, 45 nach
Lc. 9, 10. Dazu hat Mc. 6, 32 die Anleitung gegeben, wo der
Übergang gleichfalls irrig antezipirt wird; daß Lc ihn nicht zu
Schiff, sondern wie es scheint, zu Fuß geschehen läßt, macht dabei nichts aus. — Zwischen den identischen Äußerungen 9, 7. 8
und 9, 18. 19 ist bei Lc kaum ein Intervall.

§ 43. 44. Lc. 9, 18–27.

Und es geschah, als er für sich allein betete, waren die
Jünger bei ihm, und er fragte sie: was sagen die Leute, wer
ich sei? [19]Sie antworteten: Johannes der Täufer; andere
Elias; [andere, ein Prophet von den alten sei wieder auf-
erstanden]. [20]Da sprach er zu ihnen: was sagt denn ihr, wer
ich sei? [21]Petrus antwortete: der Christus Gottes. [22]Er aber
verbot ihnen streng, das irgend wem zu sagen, und sprach:
der Menschensohn muß viel leiden, und verworfen werden von
den Ältesten und Hohenpriestern und Schriftgelehrten und am
dritten Tage auferstehn.

[23] Zu allen aber sagte er: Wer mir nachgehn will, der
verleugne sich selbst und trage sein Kreuz täglich, so wird er
mir folgen. [24]Denn wer seine Seele retten will, wird sie verlieren; wer aber seine Seele verliert um meinetwillen, wird sie
retten. [25]Denn was hilft es dem Menschen, wenn er die ganze
Welt gewinnt, sich selbst aber verliert oder einbüßt? [26]Denn
wer sich meiner und meiner Worte schämt, dessen wird sich
der Menschensohn schämen, wenn er kommt in seiner Herrlichkeit und in der des Vaters und der heiligen Engel. [27]Ich
sage euch aber, wahrlich, es sind etliche unter den hier An-

wesenden, die werden den Tod nicht schmecken, bis sie das Reich Gottes erleben.

9, 18. Cäsarea Philippi wird nicht genannt, Bethsaida 9, 10 genügt. Bei dem Gebet, das in der Syra S. und in D fehlt, können die Jünger anwesend gedacht werden, vgl. 9, 28. 11, 1. In Mc. 6,46 sind sie aber nicht dabei, er vereinigt sich erst später wieder mit ihnen, und auch bei Lc erwartet man: nach seinem einsamen Gebet (11, 1) kamen die Jünger wieder mit ihm zusammen.

9, 19—22. Der von mir eingeklammerte Satz in 9, 19 fehlt in der Syra S. und lautet in D anders, nämlich ebenso wie in Mt. 16, 14. Am Schluß von 9, 20 fehlt τοῦ θεοῦ in der Syra S., dagegen liest D: τὸν χ. τὸν υἱον τ. θ. Für am dritten Tage (9, 22) heißt es in der Syra S. und in D wie bei Mc: nach drei Tagen. Hinter 9, 22 übergeht Lc (nicht aber Mt) den Protest des Petrus gegen die Passion des Messias und seine scharfe Zurückweisung durch Jesus mit Stillschweigen; er will so etwas auf den von ihm sehr ins Licht gesetzen Hauptapostel nicht kommen lassen.

9, 23. Zwischen „nachgehn" und „folgen" ist kein Unterschied, die Syra S. übersetzt „folgen" regelmäßig mit „nachgehn". In D fehlt der ganze Satz und trage sein Kreuz täglich, in der Syra S. und anderen alten Zeugen nur das täglich, wodurch das Martyrium ins Allgemeine umgedeutet wird.

9, 24. 25. „Wegen des Evangeliums" läßt auch Lc, wie Mt, an den beiden Stellen aus, wo es bei Mc (8, 35. 10, 29) in dieser Formel steht; er gebraucht allerdings das Substantiv überhaupt nicht. Für „einbüßen" (Mc. 8, 36) sagt er in 9, 25 „verlieren", fügt aber dann sonderbarer Weise „oder einbüßen" noch hinzu — wenn man sich auf die einstimmige Überlieferung verlassen darf. Das wenig passende Korollarium Mc. 8, 37 fehlt bei Lc.

§ 45. Lc. 9, 28—36.

Es geschah aber etwa acht Tage nach diesem, da nahm er Petrus und Johannes und Jakobus mit und ging hinauf auf einen Berg um zu beten. [29]Und wie er betete, ward das Aussehen seines Gesichtes anders und sein Gewand weiß und strahlend. [30]Und siehe zwei Männer unterredeten sich mit ihm, das waren Moses und Elias, erschienen in Herrlichkeit; [31]sie sprachen aber von seinem Ende, das er erfüllen sollte in

Jerusalem. ³²Petrus aber und seine Gefährten waren von
schwerem Schlaf befangen, beim Erwachen jedoch sahen sie
seine Herrlichkeit und die beiden Männer, die bei ihm standen.
³³Und als dieselben von ihm schieden, sagte Petrus zu Jesus:
Meister, hier ist für uns gut sein, laß uns drei Hütten auf-
schlagen, eine für dich, eine für Moses und eine für Elias —
ohne zu wissen, was er sagte. ³⁴Während er so sprach, kam
eine Wolke und überschattete sie; und sie gerieten in Furcht,
als sie in die Wolke eintraten. ³⁵Und eine Stimme kam aus
der Wolke: dies ist mein auserwählter Sohn, den hört! ³⁶Und
als die Stimme kam, war nur noch Jesus allein da. ³⁷Und
sie schwiegen und erzählten in jenen Tagen keinem etwas von
dem was sie gesehen hatten.

9, 28. Auch Lc setzt die Verklärung in bestimmte zeitliche
Beziehung zu dem Petrusbekenntnis, verlängert aber den Zwischenraum von sechs Tagen auf acht. Unter den beiden Söhnen Zebedäi steht Jakobus auch bei Lc meist voran, nur nicht in 8, 51.
9, 28; doch hat die Syra S. überall die gewöhnliche Ordnung und
D wenigstens in 9, 28. Ἐγένετο μετὰ τοὺς λόγους τούτους ist nicht
etwa aramäisch, sondern biblisch.

9, 29. Wie Jesus bei der Taufe betet, ehe ihm die Erscheinung und die Stimme zu teil wird (3, 21), so auch hier bei dem
Gegenstück der Taufe.

9, 30—33. Lc weiß das Thema, das von Moses und Elias
angeschlagen wurde. Die Jünger werden durch die Erscheinung
aus tiefem Schlaf geweckt; ist es Nacht? Erst als die beiden
Männer scheiden, äußert Petrus den Wunsch, die Hütten zu bauen,
gleich als ob er sie dadurch an dieser schönen Stelle festzuhalten
hoffte.

9, 35. Bei Mc (9, 6) fürchten sich die Jünger über die Erscheinung an sich, bei Mt (17, 6) über die Stimme vom Himmel,
bei Lc über die Wolke. Das erste αὐτούς muß sich wegen ἐφοβοῦντο
auf die Jünger beziehen, das zweite (D: ἐκείνους) auf Moses und
Elias. Aber ich traue dem Text nicht recht.

9, 36. Lc berichtet nur die Tatsache, daß die Jünger „damals"
schwiegen, nicht aber, daß sie dabei einem Befehl Jesu folgten.
Der Anhang Mc. 9, 9—13 fehlt bei Lc; man begreift, daß er ihm
anstößig war. Die Auferstehungsweissagung läßt er auch in
9,44 aus.

§ 46–47. Lc. 9, 37–50.

Wie er aber am folgenden Tage vom Berge herabstieg, kam ihm ein großer Haufe entgegen. [38]Und sieh, ein Mann aus dem Haufen schrie: Meister, ich bitte dich, nimm dich meines Sohnes an, denn er ist mein einziger, [39]denn ein Geist packt ihn unversehens und schreit und zerrt mit Schäumen, und weicht nur schwer und macht ihn ganz mürbe; [40]und ich habe deine Jünger gebeten, sie konnten ihn jedoch nicht weg bringen. [41]Jesus aber antwortete und sprach: o ungläubiges, verkehrtes Geschlecht, wie lange soll ich bei euch sein, wie lange soll ich euch ertragen! bring deinen Sohn her. [42]Noch auf dem Wege nun riß und zerrte ihn der Dämon; Jesus aber schalt den unreinen Geist und er verließ ihn, und er gab ihn seinem Vater zurück. [43]Und alle waren betroffen ob der großen Taten Gottes.

Während nun die anderen staunten über alles was er tat, sprach er zu seinen Jüngern: [44]faßt ihr (vielmehr) folgende Worte zu Ohren: der Menschensohn wird in Menschenhand übergeben werden. [45]Sie aber verstanden diesen Ausspruch nicht, und er war ihnen verhüllt, so daß sie nichts merkten; sie fürchteten sich aber, ihn über diesen Ausspruch zu befragen.

[46]Es kam sie aber der Gedanke an, wer der größte von ihnen wäre. [47]Da Jesus nun den Gedanken ihres Herzens erkannte, nahm er ein Kind bei der Hand und stellte es neben sich [48]und sprach: wer dies Kind aufnimmt in meinem Namen, nimmt mich auf, und wer mich aufnimmt, nimmt den auf, der mich gesandt hat; denn wer der kleinste unter euch allen ist, der ist am größten. [49]Da hub Johannes an und sagte: Meister, wir sahen einen in deinem Namen Dämonen austreiben und wehrten es ihm, weil er nicht mit uns (dir) nachfolgte. [50]Jesus sprach: wehrt ihm nicht, denn wer nicht wider euch ist, der ist für euch.

9, 37—43 (Mc. 9, 14—29). Die Konstruktion nach ἐγένετο (9, 37) schwankt auch hier in den Hss.; D hat nicht den pluralischen Genitiv abs., sondern den singularischen Akkusativ, wozu das folgende αὐτῷ mindestens ebenso gut paßt. „Am folgenden Tage" würde die Annahme (9, 32) bestätigen, daß die Verklärung bei Nacht gedacht ist. Aber D und die Syra S. lesen· διὰ τῆς ἡμέρας. Das Zanken der Jünger am Anfang hat Lc als anstößig ausgelassen.

9, 39. Der Dämon ist Subjekt, er schreit und er schäumt, da er von dem Besessenen nicht scharf unterschieden wird. Für κράζει haben indessen D und die Syra S. καὶ ῥήσσει. Ἐξαίφνης ziehen sie richtig zum ersten Verbum.

9, 40. 41. Mit Recht streicht Blaß (nach Marcion und der Syra C.) das Objekt zu ἐδεήθην, das sich aus dem Folgenden von selbst ergibt: so ist es Stil in diesem von der semitischen Syntax beeinflußten Griechisch. Für προσάγαγε hat D προσένεγκε, Mc sagt regelmäßig φέρειν für ἄγειν.

9, 42. Auf diesen einzigen Vers ist der Passus Mc. 9, 20—27 zusammengezogen. Ich habe nach D übersetzt.

9, 43. Der befremdliche Schluß bei Mc (9, 28. 29) ist unterdrückt und einer gewöhnlichen Phrase gewichen. Daß Jesus sich mit seinen Jüngern in ein Haus zurückzieht, kommt bei Lc niemals vor.

9, 43—45 (Mc. 9, 30—32). Die Angabe, daß Jesus von Cäsarea Philippi incognito zurückgereist sei und dabei Kapernaum berührt habe, fehlt bei Lc, wie denn überhaupt das Itinerar des Mc wenig berücksichtigt wird. In der stark betonten Eröffnung, die Jesus seinen Jüngern macht, sagt er nichts von seiner Auferstehung.

9, 46—50 (Mc. 9, 33—40). Der isolirte Spruch Mc. 9, 35 ist umgestellt, paßt aber am Schluß von Lc. 9, 48 ebensowenig in den Zusammenhang. Zwischen 9, 46 und 9, 47. 48 besteht ein Nexus, wenn der Vorrang unter den Jüngern bemessen wird nach der Nähe ihrer Beziehung zu Jesus. Dann sagt Jesus, auf die persönliche Beziehung zu ihm komme es nicht an; man könne die Liebe zu ihm ebenso gut jedem Geringsten in seinem Namen erweisen (Mt. 25, 31ss). Daran schließt 9, 49. 50 gut an: der äußere Zusammenhang auch mit den Aposteln ist nicht erforderlich, um Christ zu sein. Die Verse Mc. 9, 41—50 läßt Lc an dieser Stelle aus, mit Rücksicht auf 17, 1. 2. 14, 34.

IV. Lc. 9, 51—18, 14.

Lc. 9, 51–55.

Da aber die Tage seiner Aufnahme (in den Himmel) sich erfüllten, richtete er sein Angesicht nach Jerusalem zu gehn.

[52]Und er sandte Boten vor sich her, und sie machten sich
auf und kamen in ein Dorf der Samariter, um ihm Quartier
zu machen. [53]Sie verweigerten ihm aber die Aufnahme, weil
sein Angesicht nach Jerusalem zu ging. [54]Wie das die Jünger
Jakobus und Johannes sahen, fragten sie: Herr, sollen wir
Feuer vom Himmel herabkommen heißen, das sie verzehre?
[55]Er aber wandte sich und schalt sie. [56]Und sie wanderten
in ein anderes Dorf.

Hier nimmt die Wanderung (8, 1—3) die entschiedene Wendung
nach Jerusalem; vgl. 13, 22. 17, 11. Es beginnt nach 8, 1—9, 50,
wo nur Erzählungen aus Mc stehn, ein weiterer Abschnitt, der
meist lehrhafte Stücke enthält, darunter manche, die nicht bloß
bei Mc, sondern auch bei Mt keine Parallele haben. Nach Joa
lehrt Jesus das Meiste und Wichtigste in Jerusalem selber, nach
Lc (im geringeren Grade schon nach Mc) wenigstens auf der Reise
nach Jerusalem, obgleich gar manches garnicht in diese Situation
paßt. Die Reise geht bei ihm ebenso wie bei Joa durch Samarien,
und nicht durch Peräa wie bei Mc und Mt. Daß sie trotzdem
über Jericho führt (18, 35. 19, 1), ist ein Zeichen völliger Un-
befangenheit in der Geographie Palästinas. Im Gegensatz zu Mt.
10, 5 meidet Jesus die Ketzer nicht, er bekämpft das Vorurteil
gegen sie (10, 33. 17, 16). Er sieht die Feindseligkeiten der Juden
gegen sie darum nicht als gerechtfertigt an, daß sie von ihnen er-
widert wird; dies geschieht auch nur teilweise: wenn er als Jude in
einem samaritischen Dorf zurückgewiesen wird, so nimmt ein
anderes ihn auf.

9, 51—53. Obwol die Boten hier weniger als Missionare wie
als Quartiermacher erscheinen, ist ihre Aussendung doch ein aus
10, 1ss. zu einem bestimmten Zweck entnommener Vorschuß. Das
Substantiv ἀνάληψις (assumptio) findet sich im N. T. nur hier; das
Verbum kommt dreimal vor und entspricht so ziemlich dem ὑψοῦν,
das freilich wie im Aramäischen auch töten bedeuten kann (Joa.
8, 28). „Das Angesicht richten" gehört zu den Biblicismen, die
Lc häufig anwendet, jedoch ohne darin mit Mt zusammenzutreffen.

9, 54—56. Den aramäischen Namen Boanerges für die
Zebedaiden erwähnt Lc nicht, kennt ihn aber und erklärt ihn hier.
Sie wollen selber das Feuer herabkommen lassen, trauen sich also
zu, zu können, was der alttestamentliche Donnerer konnte. Am
Schluß von 9, 54 liest D: wie auch Elias tat; am Schluß von

9, 55 D und Marcion: wißt ihr nicht, welches Geistes ihr seid?

Lc. 9, 57–62. Mt. 8, 19–22.

Und da sie des Weges zogen, sagte einer zu ihm: ich will dir folgen wohin du auch gehst. [58]Und Jesus sagte ihm: die Füchse haben Schlüpfe und die Vögel des Himmels Wohnungen, der Menschensohn aber hat keine Stätte, sein Haupt niederzulegen. [59]Zu einem anderen sprach er aber: folge mir. Der sagte: erlaub mir, daß ich vorher gehe und meinen Vater begrabe. [60]Und er sagte ihm: laß die Toten ihre Toten begraben, du aber geh, verkünde das Reich Gottes. [61]Wieder ein anderer sagte: ich will dir folgen, Herr, erlaub mir nur erst von Hause Abschied zu nehmen. [62]Jesus sprach: wer die Hand an den Pflug legt und hinter sich sieht, taugt nicht für das Reich Gottes.

Das Stück soll verhindern, daß 9, 51—55 (besonders 9, 52) und 10, 1 ss. dicht auf einander stoßen. Es hat aber allerdings hier bei Lc einen passenderen Platz als bei Mt, weil die Nachfolge im höheren Sinn erst statt hat, seit Jesus nach Jerusalem geht, um sein Kreuz auf sich zu nehmen — wie aus Mc deutlich hervorgeht. Auch die Fassung des zweiten Falles bei Lc hat Vorzüge vor der bei Mt (vgl. zu Mt. 8, 21. 22); beachtenswert ist, daß die Nachfolge ohne weiteres auch die Pflicht der Mission auferlegt. Den dritten Fall, eine Variante des zweiten, hat eher Lc hinzugefügt, als Mt ausgelassen. Der Ausdruck „die Vögel des Himmels" findet sich bei Lc hier und 13, 19, beidemal in Verbindung mit κατασκηνοῦν, nach Dan. 4, 18 (Mc. 4, 32). Ἀπελθών (9, 60) steht öfters im Sinne von πορευθείς zur Markirung des Anfangs der Handlung, vgl. D 18, 5.

Q*. Lc. 10, 1–12. § 29.

Er bestimmte aber noch andere Siebzig und sandte sie paarweise vor sich her in jede Stadt und Ortschaft, wohin er kommen wollte. [2]Und er sprach zu ihnen: Die Ernte ist groß und der Arbeiter sind wenige, bittet also den Herrn der Ernte, daß er Arbeiter zu seiner Ernte aussende. [3]Geht hin,

siehe, ich sende euch wie Schafe unter die Wölfe. ⁴Tragt
keinen Geldbeutel, keine Reisetasche, keine Schuhe und grüßt
niemand unterwegs. ⁵Sobald ihr aber in ein Haus eintretet,
so sagt: Friede diesem Hause! ⁶Und wenn dort ein Kind des
Friedens ist, wird euer Friedensgruß auf ihm ruhen; sonst wird
euer Friedensgruß sich auf euch zurückwenden. ⁷In jenem
Hause aber herbergt und eßt und trinkt, was sie haben, denn
der Arbeiter ist seines Lohnes wert; geht nicht von einem
Haus über zu einem anderen. ⁸Und wenn ihr in eine Stadt
kommt und Aufnahme findet, so eßt was euch vorgesetzt wird,
⁹und heilt die Kranken daselbst und sagt: das Reich Gottes
ist euch genaht. ¹⁰Wenn ihr aber in eine Stadt kommt und
keine Aufnahme findet, so geht hinaus vor das Tor und
sprecht: ¹¹auch den Staub von eurer Stadt, der uns an den
Füßen haftet, wischen wir (vor) euch ab; aber das wisset, daß
das Reich Gottes euch nahe gewesen ist. ¹²Ich sage euch, es
wird Sodom [dermaleinst] erträglicher gehn als jener Stadt.

Nachdem Lc die Aussendung der Jünger in 9, 1—6 nach Mc
berichtet hat, berichtet er sie hier nach Q. Mt (9, 35—10, 25)
vermischt die beiden Berichte; Lc hält sie gesondert und ermöglicht
ihr Nebeneinander durch den Unterschied der Zwölf und der Siebzig,
der erst von ihm stammt und von Mt in der Quelle nicht vorgefunden ist. Bei Mc sind die Zwölf nur schwach (und meist
nachträglich) von den Jüngern im allgemeinen getrennt, bei Lc
ganz scharf und deutlich. Er bringt hier τὸ πλῆθος τῶν μαθητῶν,
wie er es nennt, auf eine bestimmte Zahl. Wie die Zwölf den
zwölf Stämmen Israels entsprechen (22, 30) und zu ihnen gesandt
werden, so die Siebzig den siebzig Nationen der Völkertafel; und
wie die siebzig Nationen von Gen. 10 in der Septuaginta auf zweiundsiebzig erhöht werden, so auch die siebzig Jünger z. B. in der
Syra S. auf zweiundsiebzig. Es ist also sehr wahrscheinlich, daß
Lc bei ihnen an Heidenmissionare denkt, obgleich er sie zunächst
nach jüdischen oder samaritischen Orten ausgesandt werden läßt
und auf Paulus nicht anspielt.

10, 1. „Nach diesem" fehlt in D und Syra S. „Andere siebzig"
scheint gesagt zu sein im Vergleich zu 9, 1, nicht zu 9, 52. Jesus folgt
den Missionaren auf dem Fuße, sie sollen seine Ankunft ansagen.

10, 2. 3 (Mt. 9, 37 s. 10, 16). Die beiden Verse haben keine
innere Verbindung. In ἄρνες (ἀρνία Ioa. 21. 15) sieht Weiß Widder,

die als Herdenführer unter die Wölfe gesandt werden; sehr possierlich.

10, 4. Bei Lc wird das Geld im Beutel getragen (12, 33. 22, 35s), bei Mc (6, 8) und Mt (10, 9) im Gürtel. „Grüßt keinen unterwegs" kann bedeuten: haltet euch nicht auf — oder auch: macht euch nicht vorzeitig bekannt.

10, 5—12. Nach der Aufnahme in das Haus (10, 5—7) folgt noch die Aufnahme in die Stadt (10, 8—12). Wenn man sich nun auch das Hysteronproteron gefallen läßt, so paßt doch das Gebot „eßt was euch vorgesetzt wird" nur für das Haus (10, 7), nicht für die Stadt (10, 8). Und die öffentliche Stadtpredigt ist später als die heimliche Hauspredigt, ebenso wie die Aufnahme in die Stadt später als die in das Haus; vgl. zu Mt. 10, 14. Also hat Mc, der nur vom Hause redet, die Priorität vor Lc und Mt (10, 14. 15), d. h. vor Q. Denn das ist unzweifelhaft und von Mt richtig erkannt, daß Mc. 6, 7 ss. und Lc. 10, 1 ss. Varianten sind, die verglichen werden müssen.

10, 9. Die Predigt geschieht bei Lc nur in der Stadt, nicht im Hause. Das Reich Gottes ist nicht zukünftig, sondern schon da und im Begriff, bei den Einwohnern dieser bestimmten Stadt Wurzel zu fassen. Das läßt sich aus dem Zusatz ἐφ' ὑμᾶς schließen, wenn man 11, 20 vergleicht. Dann verkünden die Boten die vorhabende Ankunft Jesu, der das Reich Gottes bringt; es kommt darauf an, ob er aufgenommen wird. Darnach hat sich die Auffassung von ἤγγικεν in 10, 11 zu richten.

10, 10—12. „Auf ihre Straßen" muß bedeuten d r a u ß e n v o r d i e S t a d t — was nur im Griechischen unmöglich ist. Der Dativ ὑμῖν erklärt sich aus Mc. 6, 11; s. z. d. Stelle. „An jenem Tage" (10, 12) variiert in der Überlieferung und wird zu streichen sein; ebenso 10, 14.

Q*. Lc. 10, 13-24. Mt. 11, 20-27.

Weh dir Chorazin, weh dir Bethsaida, denn wären in Tyrus und Sidon die Wunder geschehen, die in euch geschehen sind, so hätten sie längst in Sack und Asche Buße getan. [14]Doch es wird Tyrus und Sidon erträglicher ergehn [im Gericht] als euch. [15]Und du Kapernaum, daß du nur nicht zum Himmel erhoben, zur Hölle herabgestürzt werdest!

[16]Wer euch hört, hört mich, und wer euch verwirft, verwirft mich, wer aber mich verwirft, verwirft den, der mich gesandt hat. [17]Die Siebzig aber kehrten voll Freude zurück und sagten: Herr, auch die Dämonen unterwarfen sich uns auf deinen Namen. [18]Er sprach zu ihnen: Ich sah den Satan wie einen Blitz vom Himmel fallen. [19]Siehe ich gebe euch Gewalt, zu treten auf Schlangen und Skorpione und auf die ganze Macht des Feindes, so daß er euch nichts zu leide tun wird. [20]Doch darüber freut euch nicht, daß die Geister sich euch unterwerfen; freut euch vielmehr, daß eure Namen im Himmel angeschrieben sind.

[21]Zu der selben Stunde jubelte er im heiligen Geist und sprach: Ich preise dich, Vater, Herr des Himmels und der Erde, daß du dies den Weisen und Klugen hast verborgen und den Einfältigen offenbart; ja Vater, so ist dein Wille gewesen. [22]Alles ist mir überliefert vom Vater, und niemand erkennt, wer der Sohn ist, als nur der Vater, und wer der Vater ist, als nur der Sohn und der, dem der Sohn es offenbaren will. [23]Und zu den Jüngern gewandt, sprach er: Selig die Augen, die sehen, was ihr seht. [24]Denn ich sage euch: viele Propheten und Könige wollten sehen, was ihr seht, und haben es nicht gesehen, und hören, was ihr hört, und haben es nicht gehört.

10, 13—16 (Mt. 11, 20—24) soll den Schluß der vorhergehenden Rede bilden und wird durch 10, 16 (Mt. 10, 40) damit verknüpft, gehört jedoch in der Tat nicht dazu. Bei Marcion hat das Stück gefehlt.

10, 17—20 findet sich nur bei Lc. Das Austreiben der Dämonen (durch den Namen Jesu als Beschwörungsformel) wird zunächst wie in 11, 20 (Mt. 12, 28) als ein siegreicher Kampf gegen das Reich des Satans betrachtet und somit sehr wichtig genommen, zum Schluß aber als minderwertig bezeichnet, wie in 11, 24—26 (Mt. 12, 43—45). Eigentümlich ist 10, 18. Man könnte das Sehen des Vorgangs als Vision Jesu auffassen und nach Isa. 14, 12 (Apoc. 12, 9) erklären. Indessen dafür ist die Aussage zu trocken und unvollständig, außerdem wird sonst alles Visionäre (wenngleich nicht jede Emotion) von Jesus durchaus fern gehalten. Nach Sura 72 des Korans und nach der islamischen Tradition mußten die Dämonen infolge der Sendung Muhammeds aus dem Himmel weichen, indem die Engel sie mit Sternen hinaus bombardirten.

Ursprünglich werden die fallenden Meteore selber als vom Himmel gestürzte böse Engel vorgestellt worden sein. Diese Vorstellung haben die Araber vermutlich von den Juden übernommen; sie könnte also auch den Evangelisten bekannt gewesen und Jesu zugeschrieben worden sein. Jedenfalls halte ich den isolirten Spruch für ganz apokryph. — Nach 10, 20 ist die Bürgerliste des Gottesreichs auf Erden zugleich die himmlische Bürgerliste.

10, 21—24 (Mt. 11, 25—27) fügt sich wenigstens in der triumphirenden Stimmung gut an das Vorhergehende. Höchst charakteristisch ist der Zusatz im heiligen Geist; wir würden sagen: in heiliger Begeisterung. Der Wortlaut von 10, 22 (Mt. 11, 27) steht auch bei Lc nicht ganz fest. Nach dem Monologe (10, 21. 22) folgt nicht der selbe Schluß wie bei Mt (11, 28—30), sondern ein anderer (= Mt. 13, 16. 17), der dadurch abgesetzt wird, daß Jesus sich nun an seine Jünger wendet; κατ᾽ ἰδίαν (10, 23) ist nach D und Syra S. zu streichen. In 10, 24 fehlen die Könige bei Marcion, in D und in manchen Latinae.

Lc. 10, 25–37. § 63.

Da trat ein Gesetzgelehrter auf, versuchte ihn und sagte: Meister, was muß ich tun, um das ewige Leben zu erben? [26]Er sprach: was steht im Gesetz geschrieben, wie liest du? [27]Er antwortete: du sollst den Herrn deinen Gott lieben von ganzem Herzen und ganzer Seele, und mit ganzer Kraft und ganzer Gesinnung, und deinen Nächsten wie dich selbst. [28]Er sprach: du hast recht geantwortet, das tu, so wirst du leben. [29]Jener aber wollte sich rechtfertigen und sagte: und wer ist mein Nächster? [30]Jesus antwortete: Ein Mann ging von Jerusalem hinab nach Jericho und fiel Räubern in die Hand, die zogen ihn aus und setzten ihm mit Hieben zu und ließen ihn halbtot liegen und machten sich davon. [31]Von ungefähr kam nun ein Priester des Weges, sah ihn und ging vorüber. [32]Ebenso kam auch ein Levit an den Ort, sah ihn und ging vorüber. [33]Ein reisender Samariter aber kam dahin, und da er ihn sah, jammerte ihn sein, [34]und er trat herzu und verband ihm die Wunden und goß Öl und Wein hinein; dann setzte er ihn auf sein Tier und brachte ihn in eine Herberge und pflegte ihn. [35]Und am andern Morgen warf er zwei Denare aus und

gab sie dem Wirt und sagte: pfleg ihn, und was du mehr
aufwendest ersetz ich dir, wenn ich zurückkomme. [36]Wer
von ihnen ist nach deiner Meinung dem, der unter die Räuber
gefallen war, der Nächste gewesen? [37]Er sagte: der, der
Barmherzigkeit an ihm geübt hat. Jesus sprach: geh auch du
und tu desgleichen.

Der Faden, der sich durch 9, 51—10, 24 zieht, reißt hier ab.
Aber auch im Folgenden zeigen sich größere Gruppen, und selbst
solche Stücke, die in Wahrheit lose neben einander stehn, sucht Lc
künstlich zu verbinden. Unsere Perikope beruht in ihrem historischen Teil auf dem § 63 des Mc, der dann an seiner ursprünglichen
Stelle (zwischen 20, 40 und 41) ausgelassen wird; vgl. zu 4, 16ss.
Die Worte, die nach Mc. 12, 30s. Jesus spricht, spricht nach Lc. 10, 27
der Schriftgelehrte. Dennoch wird er nicht gelobt, sondern im Gegensatz zu Mc in ein ungünstiges Licht gestellt, wie bei Mt, aber auf
andere Weise. Mit 10, 29 verläßt nämlich Lc die Marcusvorlage
und macht ad vocem τὸν πλησίον σου den Übergang zu einer Parabel. Der Schriftgelehrte fragt nach dem Begriff dieses Ausdrucks,
den er doch vorher selber gebraucht und verstanden hat: wer ist
denn mein Nächster. Die Antwort müßte sein: jeder, der deine
Hilfe nötig hat und sie herausfordert, sei es auch ein Samariter.
Statt dessen lautet die Antwort, als wäre gefragt: wessen Nächster
bin ich? Der Nächste ist in dem Gebot (10, 27) und in der daran
geknüpften Frage (10, 29) das Objekt des Handelns, der Hilfs-
bedürftige, in der Parabel aber das Subjekt, der Helfer. Dadurch
wird der Samariter zum beschämenden Vorbild des Handelns
für die Juden. Der Unterschied mag zwar materiell von keiner
Bedeutung sein, aber die formelle Inkoncinnität fällt sehr auf und
sie beweist, daß die Parabel nur durch einen künstlichen und un-
passenden Übergang mit der einleitenden Erzählung in Verbindung
gebracht ist. — Die Perikope ist wegen des Samariters in die Zeit
gestellt, wo Jesus durch Samarien wandert. Die Ortsangabe in der
Parabel „zwischen Jerusalem und Jericho" paßt aber nur für ein
jerusalemisches Publikum; und auch Mc § 63 spielt in Jerusalem.

10, 25. Versuchen = auf die Probe stellen.

10, 28. Ποίει καὶ ζήσῃ ist im Semitischen ein doppelter Imperativ, vgl. die Syra S.

10, 29. Er wollte sich rechtfertigen, d. h. entschuldigen, nämlich darüber, daß er, da er doch selber Bescheid wußte, dennoch

fragte. Er behauptet nicht zu wissen, was eigentlich der Nächste
sei, und dies gibt Jesus Anlaß, diesen Begriff zu erklären und ihm
einen Sinn zu geben, der über den ursprünglichen in der Tat weit
hinausgeht.

10, 30. Der unechte Relativsatz, der in Wahrheit die Erzählung
fortsetzt, ist ganz unsemitisch, findet sich aber bei Lc öfter, z. B.
10, 39.

10, 31. Von ungefähr hat Nachdruck. Nicht bloß der Ver-
pflichtete (der eigentliche Nächste), der nicht immer zur Stelle ist,
muß zugreifen, sondern jeder, wer gerade zur Stelle kommt. Der
Nächste ist der, der im gebotenen Augenblick dem hilft, den ihm
die Gelegenheit zuwirft.

10, 34. In Wunden tut man Öl, aber nicht Öl und Wein.
In dem Beispiel Land Anecd. Syr. 2 46, 24 stammt Öl und Wein
wol aus unserer Stelle. Als Charpie wird Wolle benutzt (Vaqidi 119.
Agh. 4, 100), aber an eine Verwechslung von עמרא und חמרא ist
kaum zu denken.

Lc. 10, 38–42.

Auf der Wanderung aber kam er in ein Dorf, und eine
Frau, mit Namen Martha, nahm ihn in ihr Haus auf. [39]Und
sie hatte eine Schwester, Maria geheißen, die setzte sich zu
den Füßen des Herrn und hörte sein Wort. [40]Martha aber
ließ sich von vielem Wirtschaften behelligen; und sie trat
herzu und sagte: Herr, kümmerst du dich nicht darum, daß
meine Schwester die Aufwartung mir allein überläßt? sag ihr,
daß sie mir helfe! [41]Er antwortete ihr aber: Martha, Martha!
[du machst dir um Vieles Sorge und Unruhe, es bedarf nur
eines Wenigen], Maria hat das bessere Teil erwählt, von dem
sie nicht abgezogen werden soll.

Die beiden Schwestern kehren bei Joa wieder. Dort wohnen
sie aber in Bethanien, bei Lc dagegen nehmen sie Jesus auf der
Wanderung nach Jerusalem auf; er kehrt vorübergehend bei ihnen
ein und verkündet in ihrem Hause „das Wort", gradeso wie es
auch die Jünger nach Mc. 6 auf den Missionsreisen machen sollen.
Es kommt nun häufig vor, daß Lc Vorgänge, die nach Mc in Kapernaum oder in Jerusalem spielen, anders wohin verlegt hat, z. B.
die Salbung im Hause Simons von Bethanien nach Galiläa. Ob

aber auch Joa mit der Lokalisirung von Martha und Maria in
Bethanien den Vorzug von Lc verdient, läßt sich bezweifeln.
Allerdings, wenn Jesus nur zufällig unterwegs in das Haus der
Schwestern gerät, so fällt es auf, daß ihre Namen genannt werden,
wenn sie auch noch so gewöhnlich sind. Joa erwähnt auch den
Namen ihres aus dem Grabe zurückkehrenden Bruders, dieser aber
scheint sehr verdächtigen Ursprungs zu sein.

10, 41. 42. Die Textüberlieferung schwankt stark. Die Lesart
der Recepta ἑνὸς δέ ἐστιν χρεία ist entstanden aus ὀλίγων δέ ἐστιν
χρεία ἤ ἑνός der ältesten Uncialen. Hier kann ἤ ἑνός nur Verbesserung von ὀλίγων sein; das Wenige soll auf eins beschränkt
werden und darunter das gute Teil, nämlich das höchste Gut, verstanden werden. Aber dann fällt das Eine in eine gänzlich andere
Sphäre als das Wenige[1]) und ist in der Tat etwas sehr Großes
— woher sich leicht erklärt, daß es in der Recepta allein das Feld
behauptet hat. Betrachtet man demgemäß die Verbesserung ἤ ἑνός
als nachgetragen, so bleibt der einfache Sinn übrig: du brauchst
nicht so viel Umstände zu machen, ich habe nur wenige Bedürf-
nisse. Indessen in der Syra S. und in manchen Latinae steht
überhaupt nichts zwischen Μαρθᾶ und Μαρία, und in D nur das
eine Wort: θορυβάζῃ. Mit Recht folgt Blaß diesen Zeugen; zur
Streichung des Passus lag kein Anlaß vor, wol aber konnte er
eingesetzt werden, um die Vokative aus einander zu halten. Wenn
aber auch nur ἤ ἑνός ausfällt, so hat man keinen Grund mehr,
unter der ἀγαθὴ μερίς etwas anderes zu verstehn als das Verhalten
der Maria, das im Vergleich zu dem der Martha als das bessere
bezeichnet wird. Der Relativsatz paßt dazu, wenn man ἤ mit
dem folgenden αὐτῆς in semitischer Weise zusammenfaßt und auf
μερίδα bezieht: sie hat das bessere Teil erwählt, von dem sie nicht,
wie Martha wünscht, abgezogen werden soll. Das Medium ἀφαι-
ρεῖσθαι (abziehen, hindern) ist hier ins Passiv gesetzt.

Lc. 11, 1–13.

Und er war im Gebet an einem Orte, und als er aufhörte,
sagte einer seiner Jünger zu ihm: Herr, lehr uns beten, wie
auch Johannes seine Jünger gelehrt hat. ²Er sagte: wenn ihr

---

[1]) Kronzeuge dafür ist Weiß, welcher erklärt, weniges bedarf es für
mich, oder vielmehr eins für dich.

betet, so sprecht: Vater, dein Name werde geheiligt, dein Reich
komme, ³das .... Brot gib uns täglich, ⁴und erlaß uns unsere
Sünden (denn auch wir erlassen jedem, der uns schuldet), und
bring uns nicht in Versuchung.

⁵Und er sprach: Wenn einer von euch einen Freund hat
und mitternachts zu ihm geht und zu ihm sagt: Freund, leih
mir drei Laibe Brot, ⁶denn ein Freund ist zu mir gekommen
nach einer Reise und ich habe ihm nichts vorzusetzen — ⁷wird
der wol von drinnen antworten: mach mir keine Beschwer,
die Tür ist schon verschlossen und meine Kinder sind bei mir
im Bett, ich kann nicht aufstehn und dir geben? ⁸Ich sage
euch, wenn er nicht aufsteht und ihm gibt, weil er sein
Freund ist, so wird er doch, weil er nicht weicht und wankt,
sich erheben und ihm geben, was er braucht. ⁹So sage ich
auch euch: bittet, so wird euch gegeben; sucht, so findet ihr;
klopft an, so wird euch aufgetan. ¹⁰Denn wer bittet, empfängt,
und wer sucht, findet, und wer klopft, dem wird aufgetan.
¹¹Wenn einer unter euch seinen Vater um einen Fisch bittet,
wird er ihm statt des Fisches eine Schlange reichen? ¹²oder
wenn er ihn um ein Ei bittet, wird er ihm einen Skorpion
reichen? ¹³Wenn also ihr, die ihr böse seid, euren Kindern
gute Gaben zu geben wißt, wie viel mehr wird der Vater vom
Himmel heiligen Geist geben denen, die ihn bitten.

11, 1. Die Jünger Jesu werden zu ihrem Ansuchen bewogen,
weil sie ihn selbst beten sehen, und weil sie hinter den Johannes-
jüngern nicht zurückstehn wollen, die ein Mustergebet von ihrem
Meister schon besitzen. Beide Anlässe lassen sich zwar leicht vereinigen, es scheint aber doch, daß der erste nachträglich hinzu-
gekommen ist. Die Johannesjünger haben die Priorität, wie für
das Fasten und die Taufe, so auch für das Gebet. In bezug auf
das Fasten wird in § 12 (Mc. 2, 17ss.) anerkannt, daß es erst nach
Jesu Tode bei seinen Jüngern Eingang fand; in bezug auf das
Gebet wird das gleiche gelten. Wir befinden uns in einer Zeit,
wo nicht mehr die beiden Meister, sondern ihre Jünger sich gegen-
überstehn. In Mt. 6 ist das Vaterunser erst nachträglich eingeschoben,
Mc (11, 25) kennt es nicht.

11, 2 Πάτερ und π. μῶν führt gleichmäßig auf Abba zurück,
die gebräuchliche Anrede Gottes im Gebet (Mc. 14, 36. Rom. 8, 15.
Gal. 4, 6). Entgegen dem Consensus aller Versionen und Hss.

lautet die zweite Bitte nach Gregor von Nyssa und Maximus Confessor, nach der Minuskelhs. 700, und auch nach Marcion: dein heiliger Geist komme auf uns und heilige uns! „Dein Geist komme" ist Korrektur von „dein Reich komme": der Geist genügte einer späteren Zeit und die Parusie war ihr entbehrlich. Die Frage ist, ob eine solche Korrektur dem Lc zugetraut werden darf. Sie läßt sich schwer beantworten, wegen der Zwieschlechtigkeit dieses Evangelisten; vgl. zu 11, 13.

11, 3.   Ich trage hier zu Mt. 6, 11 nach, daß Hieronymus sagt: Quod nos supersubstantialem expressimus, in graeco habetur ἐπιούσιον — quod verbum LXX interpretes περιούσιον frequentissime transferunt. Er stellt also die beiden Wörter zusammen, wie auch Leo Meyer, der sie allerdings nicht identifizirt. Περιούσιος ist passives Adjektiv von περιποιεῖσθαι (retten) und bedeutet: gerettet, auserwählt (eigentlich als geretteter Rest). Es gibt auch ein ἐπιποιεῖν, läßt sich damit für ἐπιούσιος etwas anfangen? Die Syra S. liest einfach τὸν ἄ. τὸν ἐπ. ohne genitivisches Pronomen. Marcion hat σοῦ statt ἡμῶν; schon er hat an göttliche Speise gedacht.

11, 4.   Der mit καὶ γὰρ αὐτοί (= ἡμεῖς) beginnende Nachtrag ist bei Lc noch nicht so in die Bitte selber verarbeitet, wie bei Mt. Jede Bitte ist ursprünglich nur ein ganz kurzer Satz.

11, 8.   Ἀναιδής wird hier nicht in tadelndem Sinne gebraucht, sondern wie ἀδυσώπητος Clem. Hom. 18, 22. 46, 31 ed. Lagarde, was Rufin sinngemäß mit immobilis wiedergibt.

11, 9—13 (Mt. 7, 7—11).   Brot und Stein (11, 11) stammt aus Mt. Der Nominativ τίς und das Fehlen von ὁ υἱός im Sinaiticus verdient den Vorzug; der Akkusativ wurde korrigirt, um den Subjektswechsel zwischen αἰτήσει und ἐπιδώσει zu vermeiden, und dann mußte ὁ υἱός eingesetzt werden; D hat aber τίς trotz ὁ υἱός beibehalten. Die Parataxe der Bedingungssätze (11, 11. 12) ist semitisch. Das zweite ἀγαθά in Mt. 7, 11 verwandelt Lc. (11, 13) in πνεῦμα ἅγιον. Die Bitte um den heiligen Geist ist bei ihm der eigentliche Inhalt des christlichen Gebets. Ohne Zweifel hängt damit der Wortlaut der zweiten Bitte bei Marcion usw. zusammen: dein Geist komme auf uns. Blaß und Harnack (Berliner S. B. 1904 p. 170ss) meinen, er würde dadurch bestätigt. Er könnte freilich ebenso gut darnach korrigirt sein. Aber ins Gewicht fällt der Vergleich von 11, 5—13 mit 18, 1—8. Daß dies Varianten sind, muß anerkannt werden. Dort nun ist das Gericht und die

Rache, d. h. die Ankunft des Reichs Gottes im ursprünglichen Sinne, der Inhalt der absoluten Bitte; hier der heilige Geist. Ersteres ist gewiß das Ältere; man sieht, daß die Parusie auch darum anstößig sein konnte, weil sie ein Tag der Rache gegen die Feinde war. Wenn aber Lc. in 11, 13 den heiligen Geist statt des Reiches Gottes gesetzt hat, so kann er es auch in der zweiten Bitte getan haben. Es ist wenigstens nicht vollkommen ausgeschlossen.

Q.* Lc. 11, 14–36. Mt. 12, 22–45. § 17. 18.

Und er trieb einen Dämon aus, der war stumm. Und als der Dämon ausgefahren war, konnte der Stumme sprechen, und die Leute verwunderten sich. [15]Etliche aber sagten: durch Beelzebul, den Obersten der Dämonen, treibt er die Dämonen aus; [16]andere verlangten von ihm zur Probe ein Zeichen vom Himmel. [17]Er aber wußte ihre Gedanken und sprach zu ihnen: Jedes Reich, das sich entzweit, wird zerstört, und ein Haus (darin) fällt über das andere her. [18]So auch, wenn der Satan gegen sich selber entzweit ist, wie soll sein Reich Bestand haben? weil ihr sagt, ich treibe die Dämonen durch Beelzebul aus. [19]Und wenn ich durch Beelzebul die Dämonen austreibe, durch wen treiben eure Söhne sie aus? deshalb sind sie eure Richter. [20]Wenn ich aber die Dämonen durch den Finger Gottes austreibe, so ist ja das Reich Gottes zu euch gelangt. [21]Wenn ein Gewaltiger gerüstet seine Burg bewacht, so ist sein Gut in Sicherheit, [22]wenn aber ein Stärkerer über ihn kommt, so nimmt er ihm seine Rüstung, auf die er sich verließ, und verteilt die Beute. [23]Wer nicht für mich ist, ist wider mich, und wer nicht mit mir sammelt, der zerstreut.

[24]Wenn der unreine Geist aus dem Menschen ausfährt, durchwandert er dürre Gegenden und sucht eine Ruhestatt. Und wenn er keine findet, sagt er: ich will wieder zurück in mein Haus, das ich verlassen habe; [25]und wenn er kommt und findet es gefegt und geputzt, [26]so geht er hin und holt sich noch sieben andere Geister, schlimmer als er selber, und sie kommen und nehmen dort Wohnung, und der letzte Zustand jenes Menschen wird schlimmer als der erste.

[27]Als er aber so redete, erhub ein Weib aus dem Volk die Stimme und sagte: selig der Leib, der dich getragen und

die Brust, die du gesogen! [28]Er sprach: in Wahrheit selig sind die, die das Wort Gottes hören und bewahren.

[29]Da das Volk aber zu haufe kam, begann er zu sagen: Dies Geschlecht ist ein böses Geschlecht, es verlangt ein Zeichen, und kein Zeichen wird ihm gegeben, als nur das Zeichen des Jonas. [30]Denn wie Jonas den Niniviten ein Zeichen war, in der selben Weise wird der Menschensohn diesem Geschlecht ein Zeichen sein. [31]Die Königin des Südlandes wird als Anklägerin dieses Geschlechts auftreten und seine Verdammnis bewirken, denn sie kam von den Enden der Erde, zu hören die Weisheit Salomos, und hier ist mehr als Salomo. [32]Die Leute von Nineve werden als Ankläger dieses Geschlechtes auftreten und seine Verdammnis bewirken; denn sie taten Buße auf die Predigt Jonas, und hier ist mehr als Jonas.

[33]Niemand zündet ein Licht an und setzt es in ein Versteck [oder unter den Scheffel], sondern auf den Leuchter, damit die Eintretenden den Schein sehen. [34]Das Licht des Leibes ist dein Auge. Wenn dein Auge ungetrübt ist, ist auch dein ganzer Leib helle; wenn es aber schlecht ist, ist auch dein Leib finster. [35]Schau nun, daß das Licht an dir nicht finster sei. [36]Wenn nun ...

11, 14—23 (Mt. 12, 22—32. Mc. 3, 22—30). Lc hat die Beelzebulsperikope bei der Wiedergabe des Mc überschlagen, weil er sie hier aus Q bringen will. Mt bringt sie zwar in der Reihenfolge des Mc (§ 17), schiebt aber vieles aus Q ein und hängt auch die Fortsetzung von Q an. Der Bericht von Q bei Lc weicht erst in der zweiten Hälfte von dem des Mc ab. Vom Geist als Bewirker der Exorcismen ist nicht die Rede (vielmehr vom Finger Gottes 11, 20), und auch nicht von der Lästerung des Geistes. Die Äußerung Mc. 3, 28. 29 findet sich isolirt in anderer Fassung bei Lc. 12, 10.

11, 14 wird von D geglättet, ähnlich wie 5, 1. 17.

11, 15. Nach Lc sind nicht die Schriftgelehrten oder die Pharisäer die Redenden.

11, 16 bereitet etwas vorzeitig auf 11, 29 vor.

11, 17. Die Häuser sind die Unterabteilungen des Reiches, also keine Gebäude, sondern Verbände.

11, 18. Zu ὅτι vgl. Mc. 3, 30. Ein richtiger Acc. cum inf., wie hier ἐκβάλλειν με, findet sich in den Evv. selten; es überwiegt die semitische Konstruktion, wobei nur das Subjekt des

Nebensatzes vom Hauptverbum attrahirt wird: vidit lucem quod esset bona.

11, 24—26 (Mt. 12, 43—45) folgt bei Lc mit Recht dicht auf die Beelzebulrede.

11, 27. 28 nur bei Lc. Die Stellung erklärt sich daraus, daß 11, 14—23 eine Variante zu § 17 und 11, 27. 28 eine Variante zu § 18 ist. Der Spruch 11, 28 deckt sich mit 8, 21; auch der Gegensatz von Blutsverwandten und Gottesangehörigen kehrt wieder. Die Seligpreisung seiner Mutter weist Jesus zurück und preist dafür seine Jünger selig, nicht sofern sie seiner Person anhängen, sondern sofern sie das Wort Gottes hören und tun.

11, 29—32 (Mt. 12, 38—45) ist bereits durch 11, 16 angeknüpft. Über 11, 30 habe ich zu Mt. 12, 40 gehandelt; ein σημεῖον ἀντιλεγό-μενον (Lc. 2, 34) war Jonas nicht und kann also auch Jesus nicht sein, da er mit ihm verglichen wird.

11, 33—36. Der Zusammenhang mit dem Vorhergehenden ist ganz unklar. Der Vers 33 ist schon in 8, 16 nach Mc gebracht, hier wird er vielleicht nach einer anderen Quelle wiederholt. Der Übergang zu 11, 34ss. (Mt. 6, 22. 23) scheint bloß über das Wort λύχνος zu gehn. Den Vers 36 in der meist bezeugten Fassung nennt Blaß mit Recht übel verderbt und unverständlich. Die Syra S. liest ihn anders, aber nicht besser. D läßt ihn aus, ebenso die Syra C. und die meisten Latinae; indessen wie eine Interpolation sieht er nicht aus.

Lc. 11, 37—54. Mt. 23.

Ein Pharisäer aber bat ihn, bei ihm zu Mittag zu essen, und er trat ein und setzte sich zu Tisch. [38]Und der Phari-säer wunderte sich zu sehen, daß er nicht erst die Hände ins Wasser tauchte vor dem Essen. [39]Der Herr aber sprach zu ihm: Jetzt, ihr Pharisäer, das Äußerliche, Becher und Schüssel, reinigt ihr; euer Inneres aber strotzt von Raub und Bosheit. [40]Ihr Toren, macht nicht, wer das Innere macht, (damit zugleich) auch das Äußere? [41]Vielmehr das Innere, reinigt, so habt ihr alles rein. [42]Aber weh euch Pharisäern, ihr verzehntet Minze und Raute und allerlei Kraut, und übergeht das Recht und die Liebe Gottes. [43]Weh euch Pharisäern,

ihr sitzt gern oben an in den Synagogen und wollt gegrüßt
sein auf den Straßen. [44]Weh euch, ihr seid unsichtbare
Gräber, über die die Menschen hinübergehn und wissen es nicht.
[45]Da hub einer von den Gesetzesgelehrten an und sagte
zu ihm: Meister, mit den Worten beleidigst du auch uns.
[46]Er aber sprach: Weh auch euch Gesetzesgelehrten, denn ihr
ladet den Menschen schwer zu tragende Lasten auf, und rührt
selbst mit keinem Finger daran. [47]Weh euch, ihr baut den
Propheten Gräber, die eure Väter getötet haben; [48]somit seid
ihr Zeugen für die Taten eurer Väter und damit einverstanden;
denn nachdem jene sie getötet haben, errichtet ihr Bauten.
[49]Darum hat die Weisheit Gottes gesagt: ich sende zu ihnen
Propheten und Apostel und sie werden etliche töten und
etliche verfolgen, [50]damit an dem gegenwärtigen Geschlecht
gerächt werde das Blut aller Propheten, das vergossen ist seit
Gründung der Welt, von dem Blute Abels an bis zu dem
Blute Zacharias', der zwischen dem Altar und dem Tempel-
hause umgebracht wurde — ja ich sage euch, an dem gegenwärtigen Geschlecht soll es gerächt werden. [52]Weh euch
Gesetzesgelehrten, ihr habt den Schlüssel der Erkenntnis weggenommen; ihr selbst seid nicht hineingekommen und habt
denen gewehrt, die hineinkommen wollten.
[53]Und da er dies gegen sie vor allem Volk sagte, wurden
die Gesetzesgelehrten und die Pharisäer ihm sehr böse und
stritten mit ihm über mancherlei Fragen, [54]um hinterhaltig
etwas aus seinem Munde zu erjagen.

Diese Rede entspricht der von Mt. 23 im Inhalt, jedoch nicht
in der Situation. Bei Mt steht sie an stelle von Mc § 65. Bei
Lc aber wird sie nicht in Jerusalem und nicht öffentlich im Tempel
gehalten, sondern im Hanse eines Pharisäers bei einem Gastmahl
(7, 36. 14, 1), außerhalb Jerusalems in der Zeit der Reise Jesu
dorthin. Das paßt freilich sehr schlecht, denn woher kommt denn
die offenbar vorausgesetzte Menge der Schriftgelehrten und Pharisäer? Vielleicht hat die Situation des § 35 (Mc. 7, 1ss.) eingewirkt,
den Lc an seiner Stelle ausgelassen hat, hier aber als Anlaß und
Eingang der Rede benutzt. Ein Nexus zwischen 11, 33—36 und
11, 37ss. kann in dem Gedanken gefunden werden: das Zentrum
beherrscht die Peripherie, das Auge muß licht sein, damit der
Leib licht sei, das Innere muß rein sein, damit das Äußere rein sei.

11, 37. Die Redaktion der Einleitungen und Übergänge schwankt fast regelmäßig in den Hss. „Als er das sagte" fehlt hier in D und Syra S., steht dagegen in 11, 53 und bei D auch in 11, 14. Bei ἄριστον wird an die Zeit nicht mehr gedacht.

11, 39. Nῦν hat hier den temporellen Sinn verloren und bedeutet: wie es sich zeigt; vgl. mekkêl und ʿatta. Der Sinn des Ausspruchs ist von Lc richtig wiedergegeben. Für γέμουσιν Mt. 23, 25 hätte γέμετε gesagt werden müssen; im Aramäischen hat das Participium gestanden und das Subjekt attôn des vorhergehenden Participiums (καθαρίζετε) noch nachgewirkt. Ich habe das bei Mt. zu bemerken vergessen.

11, 40. Das Innere steht in D, in einigen Latinae und bei Cyprian mit Recht voran. Machen heißt „in Ordnung bringen", wie in Deut. 21, 11. 2 Sam. 19, 25 (LXX), und ist in unserem Fall gleichbedeutend mit reinigen; so auch deutsch: das Haar, die Lampen machen. Nur so entsteht Sinn.

11, 41. Statt „gebt Almosen" erfordert der Zusammenhang den Sinn: reinigt. Im Aramäischen heißt „Almosen geben" zakki, und „reinigen" dakki. Die beiden lautlich wenig verschiedenen (und ursprünglich sogar identischen) Verba sind hier von Lc verwechselt, während Mt (23, 26) richtig καθάρισον hat, aber falsch τοῦ ποτηρίου und αὐτοῦ zusetzt.

11, 42. Ἀλλά leitet einen Satz ein, der über den ursprünglichen Anlaß hinaus zu Weiterem übergeht. „Die ʿLiebe Gottes" sagt nur Lc; nach Mt. 23, 23 ist vielmehr von der Liebe gegen den Nächsten die Rede und ebenso auch nach Mc. 7, 10ss. und 12, 40. Der abwiegelnde Schlußsatz „dies sollte man tun und jenes nicht lassen" stammt aus Mt (23, 23) und fehlt mit Recht in D.

11, 43. 44. Der erste Vers steht auch bei Mc (12, 39), der zweite weitläufiger, aber schlechter bei Mt (23, 27. 28). Bei Lc ist der Sinn klar: man ahnt nicht, worauf man bei euch tritt; latet anguis sub herba.

11, 45. Lc muß wol einen Grund gehabt haben, hier einen Absatz zu machen. Aber der Wechsel der Anrede ist gesucht. Sie richtet sich nur am Anfang (11, 46) und am Schluß (11, 52) an die Schriftgelehrten, im wesentlichen jedoch an die Juden insgemein.

11, 47. 48 deckt sich inhaltlich mit Mt. 23, 28—33, ist aber kürzer.

11, 49—51 (Mt. 23, 34—36) fehlt bei Marcion. Bei Mt sind diese Worte Jesu eigene Worte, und nur er kann sie sprechen. Auch in Lc 11, 51 (ναὶ λέγω ὑμῖν) redet er im eigenen Namen. Was bedeutet dann aber der Eingang bei Lc: darum hat die Weisheit Gottes gesagt? Jesus ist zwar die Achamoth, kann sich aber doch nicht selber so nennen und dabei das Praeteritum εἶπεν gebrauchen. Es ist auch unwahrscheinlich, daß er ein sonst unbekanntes apokryphes Buch zitire. Dies Buch müßte zudem erst nach der Zerstörung Jerusalems geschrieben sein und zwar von christlicher Hand. Nur das ist ersichtlich, daß der Autor des Eingangs Bedenken getragen hat, die folgende Rede auf Jesus selbst zurückzuführen.

11, 52. In der Parallele Mt. 23, 13 ist κλείετε von der Syra S. interpretirt: ihr habt den Schlüssel zum Himmelreich. Auch Lc wird es so verstanden haben, selbst wenn nicht mit Blaß ἔχετε (τὴν κλεῖν), sondern ἤρατε oder ἐκρύψατε zu lesen ist. An Stelle des Himmelreichs hat er die γνῶσις gesetzt, d. h. die γνῶσις τῆς σωτηρίας (1, 77), oder τῆς ζωῆς (manda d'chajjê). Daß die γνῶσις nicht das Ursprüngliche ist, geht aus dem folgenden εἰσέρχεσθαι hervor, welches jedenfalls viel besser zum Reiche Gottes paßt.

11, 53 habe ich nach D und Syra S. übersetzt. Man braucht bei Lc keinen Anstoß daran zu nehmen, daß das Gastmahl plötzlich zur offenen Szene wird (14, 25). Das ἀποστοματίζειν der modernen Vulgata ist in der Verbindung, in der es steht, schlechterdings unmöglich; was es bedeutet, ersieht man aus 11, 54: θηρεῦσαί τι ἐκ τοῦ στόματος.

Lc. 12, 1–12. Mt. 10, 26–33. 17–20.

Während nun eine große Menge ringsum sich zusammendrängte, so daß einer den andern trat, sprach er [in erster Linie] zu seinen Jüngern: Hütet euch vor dem Sauerteige, nämlich der Heuchelei, der Pharisäer. ²Es ist nichts verhüllt, was nicht enthüllt werde, und nichts verborgen, was nicht bekannt werde. ³Deshalb alles, was ihr im Dunkeln geredet habt, wird kund im Licht, und was ihr ins Ohr gesagt habt in den Kammern, wird auf den Dächern ausgerufen. ⁴Aber ich sage euch, meinen Freunden: fürchtet euch nicht vor denen, die den Leib töten und darnach nichts weiter tun können. ⁵Ich will euch eröffnen, wen ihr fürchten sollt: den, der nach dem Tode Macht hat, in die Geenna zu werfen. Ja ich sage euch, den fürchtet. ⁶Werden nicht fünf Sperlinge um zwei Heller verkauft? und nicht einer davon ist vergessen vor Gott. ⁷Aber auch die Haare eures Hauptes sind alle gezählt; fürchtet̄ euch nicht, ihr seid viel mehr wert als Sperlinge. ⁸Ich sage euch, wer mich bekennt vor den Menschen, den wird auch der Menschensohn bekennen vor den Engeln Gottes, ⁹und wer mich verleugnet vor den Menschen, wird verleugnet werden vor den Engeln Gottes. ¹⁰Und wer immer etwas gegen den Menschensohn sagt, das wird ihm vergeben; gegen den heiligen Geist aber wird es nicht vergeben. ¹¹Wenn sie euch nun vor Gemeindegerichte und vor die Behörden und die Obrigkeit bringen, so sorgt nicht, wie ihr euch verteidigen und was ihr sagen sollt; denn der heilige Geist wird euch zu selbiger Stunde das rechte Wort lehren.

12, 1 habe ich ebenso wie 11, 53 nach D und Syra S. übersetzt und πρῶτον, das in der Syra S. fehlt, als zweifelhaft gekennzeichnet, obgleich es richtig ist, daß Jesus bei Lc fast nie ausschließlich zu den Jüngern redet, sondern fast immer so, daß auch das Volk dabei ist. Das ist die Heuchelei hat in den Hss. eine schwankende Stellung und könnte Interpretament sein, vgl. Mc. 8, 15. Aber die Heuchelei schlägt die Brücke zu der Heimlichkeit (12, 2). Freilich ist das in Wahrheit durchaus nicht das selbe. Die Brücke, die zugleich den Übergang von 11, 37ss. zu 12, 2ss. bilden soll, ist gekünstelt und nur scheinbar.

12, 2 (Mt. 10, 26. Mc. 4, 22). Hier beginnt die Aufforderung zum Martyrium, zur offenen Verkündigung und Bekennung des Evangeliums, ohne Furcht vor den Folgen.

12, 3. Bei Mt. 10, 27 heißt es viel besser: was ich (Jesus) euch sage, das redet (ihr) auf den Dächern.

12, 5. Die Geenna kommt bei Lc nur an dieser Stelle vor.

12, 7. Die Wortstellung im ersten Satz bei Mt. 10, 30 ist logischer.

12, 8. 9. Hier hat Lc sich getreuer an den ursprünglichen Wortlaut (Mc. 8, 37) gehalten und Mt (10, 32s.) ihn geändert.

12, 10 habe ich nach D und Marcion übersetzt, der Ausdruck βλασφημεῖν wird auch in Mt. 12, 32 vermieden. Der Spruch, der am Ende der Beelzebulsperikope bei Lc fehlt, ist hier so abgeändert, daß er in den Zusammenhang paßt. Wer etwas gegen den heiligen Geist sagt, ist der, welcher seine christliche Überzeugung verleugnet, und nicht bekennt, was ihm der Geist eingibt. Vgl. im Übrigen meine Erörterung zu Mt. 12, 31. 32.

12, 12. Ἐν αὐτῇ τῇ ὥρᾳ sagt Lc stets (außer 7, 21?) und nicht ἐν ἐκείνῃ τ. ώ. wie Mt (10, 19). Vgl. auch 13, 1.

Lc. 12, 13—21.

Einer aus dem Volk aber sagte zu ihm: Meister, sag doch meinem Bruder, daß er das Erbe mit mir teile. [14]Er sagte zu ihm: Mensch, wer hat mich zum Richter [oder Erbteiler] über euch bestellt!

[15]Und er sprach zu ihnen: habt acht und hütet euch vor aller Habsucht, denn nicht im Überfluß der Habe liegt das Leben für den Menschen. [16]Und er sagte ihnen ein Gleichnis. Es war ein reicher Mann, dessen Land hatte gut getragen. [17]Und er dachte bei sich: was soll ich tun, ich habe nicht Raum, meine Früchte einzubringen. [18]Und er sprach: das will ich tun, ich breche meine Scheuern ab und mache sie größer, um all mein Gewächs einzubringen, [19]und sage dann zu mir selbst: du hast viel des Guten, labe dich! [20]Aber Gott sprach zu ihm: du Tor, in dieser Nacht wird deine Seele dir abgefordert, wem wird nun dein Vorrat zufallen? [[21]So geht es, wenn einer sich Schätze aufspeichert und hat keinen Reichtum bei Gott.]

12, 13. 14. Die Situation wechselt nicht, wol aber der Gegenstand der Rede, obwol in 12, 32 ein Ton aus 12, 2—12 nachklingt (vgl. auch 12, 49—53). Die kurze Historie unserer beiden Verse soll das Thema angeben für die folgenden Ermahnungen an das Volk und an die Jünger. Sie ist jedoch nicht zu diesem Zweck gemacht, denn sie enthält an sich keine Warnung vor der Habsucht, sondern einen Protest Jesu gegen die Behelligung mit Angelegenheiten, die nicht vor sein Forum gehören. Es ist im Orient üblich, daß man sich auch in weltlichen Angelegenheiten an eine religiöse Autorität wendet; Jesus weist das ab. Aber die

Kirche verfuhr anders, und schon Lc (12, 15) zieht aus dem Ausspruch 12, 14 eine Moral, die nicht darin liegt. Oder Erbteiler
fehlt in D und Syra S.

12, 15—21. Die Anrede ergeht an das Volk. Ich habe für
12, 15 mich an Clemens Al. und an die Syra S. gehalten und in
12, 18. 19 den kürzeren Text von D vorgezogen, nach Blaß. Εἰς
τὸν θεόν (12, 21) heißt bei Gott, nach 12, 33. Mc. 10, 21; die
Deutungen, die dem literarischen Sinn von εἰς gerecht werden
wollen, sind gekünstelt. Übrigens fehlt 12, 21 in D; wenn der
Vers unecht ist, so könnte man allerdings in εἰς τὸν θεόν eine
Finesse finden, die sonst von der Einfalt des Evangeliums abliegt.

Lc. 12, 22-31. Mt. 6, 25-33.

Er sprach aber zu seinen Jüngern: Darum sage ich euch,
seid nicht in Sorge um eure Seele, was ihr essen, und nicht um
euren Leib, was ihr anziehen sollt. ²³Denn die Seele ist mehr
als die Nahrung und der Leib mehr als die Kleidung. ²⁴Achtet
auf die Raben, sie säen nicht, sie ernten nicht, sie haben nicht
Speicher noch Scheuer — wieviel mehr wert seid ihr als Vögel!
²⁵Wer von euch kann mit Sorgen seinem Wuchse eine Elle
zusetzen? ²⁶wenn ihr nun auch das Geringste nicht vermögt,
was sorgt ihr um das Übrige? ²⁷Achtet auf die Lilien, wie sie
weder spinnen noch weben; und doch, sage ich euch, war auch
Salomo in all seiner Herrlichkeit nicht angetan wie dieser eine.
²⁸Wenn Gott auf dem Felde das Gras, das heute steht und
morgen in den Ofen geworfen wird, so kleidet, wieviel mehr
euch, ihr Kleingläubigen! ²⁹Ihr also trachtet nicht nach Essen
und Trinken und gieret nicht, ³⁰denn nach alle dem trachten
die Völker der Welt. Euer Vater weiß, daß ihr dessen bedürft,
³¹trachten aber sollt ihr nach seinem Reich, so bekommt ihr
das andere dazu.

12, 22. Darum sage ich euch (Mt. 6, 25) nimmt Bezug auf die
vorhergehende Rede. Diese soll jedoch an das Volk gerichtet sein,
während 12, 22ss. an die Jünger. Es sieht so aus, als ob der
Adressenwechsel erst nachträglich hinzugefügt worden sei. In 12,
22ss. kann die Rede an das Volk recht gut noch fortgesetzt werden.

12, 25 ist bei Lc nicht so vereinzelt wie bei Mt (6, 27), wird
aber durch den Zusammenhang mit 12, 26 nicht gerade verständ-

licher. Περὶ τῶν λοιπῶν wäre nur erträglich, wenn es überhaupt bedeuten könnte.

12, 29. Zu μετεωρίζεσθαι vgl. Sir. 23, 4, es entspricht dem biblischen nasa naphscho = er erhob seine Seele, d. h. langte geistig nach etwas.

12, 31. Diese Antithese macht den Übergang zum folgenden Stück. Vgl. 21, 34.

Lc. 12, 32–40.

Fürchte dich nicht, du kleine Herde, denn euer Vater hat beschlossen, euch das Reich zu geben. [33]Verkauft eure Habe und gebt sie zum Almosen, macht euch unvergängliche Säckel, einen unerschöpflichen Schatz im Himmel, wo kein Dieb herankommt und keine Motte zerstört. [34]Denn wo euer Schatz ist, da ist auch euer Herz. [35]Euere Lenden seien gegürtet und eure Lichter angezündet, [36]wie bei Leuten, die auf ihren Herrn warten, wenn er aufbricht von der Hochzeit, damit wenn er kommt und anklopft, sie ihm alsbald auftun. [37]Selig die Knechte, die der Herr bei seiner Ankunft wachend findet; denn ich sage euch, er wird sich schürzen und sie zu Tisch sitzen heißen und herumgehn und sie bedienen. [38]Und kommt er in der zweiten oder dritten Nachtwache und findet sie so: selig sind sie. [39]Das aber seht ein: wenn der Hausherr wüßte, zu welcher Stunde der Dieb komme, so ließe er nicht in sein Haus einbrechen. [40]Auch ihr, seid bereit, denn zu einer Stunde, da ihr es nicht denkt, kommt der Menschensohn.

12, 32. Nicht die Juden, sondern die Christen, nur eine kleine Herde, sind die Bürger des Reiches Gottes. Als Trost würde das besser in 12, 4—7 passen, wie hier. Denn hier wird es vielmehr zur Mahnung verwandt, wie in 12, 31, so auch 12, 33ss.: man soll sich des Reiches Gottes würdig machen, man soll in jedem Augenblick vorbereitet sein auf seine Ankunft. In 12, 16—21 genügt es als Motiv, daß der Tod vor der Tür jedes einzelnen steht; die Parusie ist entbehrlich. Auch die heitere Sorglosigkeit von 12, 22ss. hat durchaus nicht die Parusie zum Hintergrunde, wenn man von den Schlußversen absieht. Aber von 12, 32 an wird das anders; und von hier an erst richtet sich die Rede entschieden an die Jünger und nimmt eine spezifisch christliche Färbung an. Man

muß die Absätze nach dem Inhalt machen und nicht nach den zu
Anfang angegebenen oder nicht angegebenen Adressen.

12, 33. 34 (Mt. 6, 19—21). Die Abmahnung von der Habsucht und von der Sorge wird hier für die Jünger zum positiven
Gebot, im Hinblick auf das kommende Reich ihre irdische Habe
zu veräußern und den Erlös durch Almosengeben in der himmlischen
Bank niederzulegen; im Himmel soll ihr Herz und auch ihr Schatz
sein. Der Auspruch ist bei Mt verfeinert und wol weniger ursprünglich. Jedoch die Motten passen bei Lc nicht recht, da nur
vom Gelde die Rede ist, und die βαλλάντια (Geldsäcke) stammen
schwerlich aus alter Quelle.

12, 35—36. Die Stimmung ist hier nicht friedlich und heiter
wie in 12, 22ss., sondern gespannt und pathetisch. Es liegt eine
männliche Bereitschaft und ein verhaltener Drang in diesen
Imperativen, die Erwartung der baldigen Parusie erzeugte keine
Schlaffheit, sondern Energie. Vgl. zu Mt. 25, 1—12 am Schluß.
— Die Hochzeit ist nichts weiter als ein Festgelage. Es scheint
hier die Himmelsfreude darunter vorgestellt zu werden, der Herr,
d. h. der Messias, kehrt vom Himmel zurück. Freilich ist die
Hauptsache nicht die himmlische Hochzeit, von der der Messias
kommt, sondern die irdische, die er den Seinen bereitet (12, 37).

12, 37. Die Knechte, d. h. die Christen, nehmen am Mahl
ihres Herrn teil, das hier nicht im Himmel, sondern auf der Erde
stattfindet, zu der Jesus heimkehrt. Er führt sie jedoch nicht bloß
dazu ein, sondern er übernimmt auch als Wirt ihre Bedienung.
Da mischt sich ein Gedanke ein, der in 22, 27ss. eine passendere
Stätte hat.

12, 38 weist auf Mc. 13, 35 zurück und schleppt bei Lc nach.
12, 39. 40 = Mt. 24, 43. 44.

Lc. 12, 41–49. Mt. 24, 45–51.

Petrus aber sagte: Herr, sagst du dies Gleichnis zu uns
[oder zu allen]? ⁴²Und der Herr sprach: Wer ist nun der
treue und kluge Verwalter, den der Herr über sein Gesinde
setzt, ihnen zur rechten Zeit das Brot auszuteilen? ⁴³Selig
der Knecht, den der Herr bei seiner Heimkunft also tun findet.
⁴⁵Wenn aber jener Knecht bei sich spricht: mein Herr kommt
noch lange nicht, und anfängt die Knechte und Mägde zu

schlagen, zu essen und zu trinken und sich zu berauschen,
[46]so wird der Herr jenes Knechtes kommen an einem Tage,
da er es nicht erwartet, und zu einer Stunde, die er nicht
weiß, und wird ihn zerstückeln und ihm sein Teil geben unter
den Ungläubigen.

[47]Der Knecht aber, der seines Herrn Willen weiß und
nicht nach seinem Willen tut, bekommt viele Schläge, [48]der
aber, der ihn nicht weiß und tut, was Schläge verdient, bekommt wenige. Von jedem, der viel empfangen hat, wird
viel gefordert, und von dem, dem viel anvertraut ist, wird
umsomehr verlangt.

12, 41—46 ganz wie Mt. 24, 45—51. Der Eingang 12, 41
zeigt, daß Lc auf die Adressen Wert legt. Die Frage bezieht sich
auf das vorhergehende Gleichnis (und zwar besonders auf die
Supposition in 12, 39. 40, daß auch die Jünger von der Parusie
übel überrascht werden könnten), die Antwort wird aber durch
ein neues Gleichnis gegeben. Die Meinung scheint zu sein, daß
in diesem neuen Gleichnis der Knecht unverkennbar ein Mann wie
Petrus und seinesgleichen sei, nicht bloß überhaupt ein Jünger,
sondern ein christlicher Lehrer und Vorsteher. Bei Lc tritt das
in der Tat deutlicher hervor als bei Mt, der Knecht wird ausdrücklich als Verwalter (12, 42) eingeführt, und er bekommt zur
Strafe seinen Platz unter den Ungläubigen (12, 46), d. h. den
Nichtchristen, die keinen Teil am Reiche Gottes haben, ist also
selber ein Christ in hervorragender Stellung.

12, 41. Die von mir eingeklammerten Worte fehlen in D, wie
öfters nach $\check{\eta}$.

12, 42—44. Die Frage (12, 42) ist logisch ein Bedingungssatz,
und mit 12, 43 beginnt die Apodosis. Das Verhältnis von 12, 42
zu 12, 43. 44 entspricht also dem Verhältnis von 12, 44. 45 zu
12, 46. Das Futurum καταστήσει (12, 42) ist zwar absolut genommen
richtig, weil Jesus von der Zukunft redet; relativ aber ist es Präteritum, und Mt (24, 45) sagt besser κατέστησεν.

12, 47. 48 ist ein neues und andersartiges Gleichnis. Allerdings könnte die Moral am Schluß auch auf das Vorhergehende
sich beziehen und die außergewöhnliche Strafe grade eines christlichen Gemeindebeamten (12, 46) rechtfertigen. Nach der Absicht
des Lc soll das vielleicht wirklich so sein. Indessen weiß doch
nicht bloß der christliche Lehrer den Willen des Herrn, die christ-

lichen Laien aber nicht. Eher könnten die jüdischen Schriftgelehrten der jüdischen Masse, die vom Gesetz nichts weiß, entgegengesetzt werden (Mt. 21, 28ss.). Vermutlich ist jedoch der
Gegensatz allgemeiner (Amos 3, 1), zwischen den Christen und den
Nichtchristen, oder für Jesus passender, zwischen den Juden und
den Heiden. Die Juden haben die γνῶσις, für die Heiden ist die
ἄγνοια bezeichnend. Von Besitzern und Nichtbesitzern der göttlichen
Offenbarung ist jedenfalls die Rede, und darum eine völlig unbestimmte Auffassung des wissenden und des unwissenden Knechtes
ausgeschlossen. — D hat in 12, 48 überall die dritte Pl. Aktivi
für das Passiv, wie in αἰτήσουσιν und in ἀπαιτοῦσιν 12, 20.

Lc. 12, 49–53. Mt. 10. 34. 35.

Einen Brand auf die Erde zu werfen bin ich gekommen,
und wie wünschte ich, er wäre schon entzündet! [50]Eine Taufe
habe ich zu erleiden, und wie ängste ich mich, bis sie vollendet ist! [51]Meint ihr, ich sei gekommen Frieden zu schaffen
auf Erden? nein, sage ich euch, sondern Entzweiung. [52]Denn
von nun an werden Fünfe in einem Hause sich entzweien, drei
gegen zwei und zwei gegen drei; [53]der Vater entzweit sich
mit dem Sohn und der Sohn mit dem Vater, die Mutter mit
der Tochter und die Tochter mit der Mutter, die Schwieger
mit der Schnur und die Schnur mit der Schwieger.

12, 49—53 bezieht sich zwar nicht auf die Parusie selber, wol
aber auf deren Wehen oder Anzeichen (Mt. 10, 34. 35. Mc. 13, 12).
Die ersten drei Verse reimen sich nicht mit einander. Der Brand
ist eine dauernde und allgemeine Wirkung, die Jesus ersehnt, die
Todestaufe ein vorübergehendes persönliches Erlebnis, vor dem er
sich ängstigt. Es steht nicht da: mein Tod ist die notwendige
Voraussetzung meiner großen geschichtlichen Wirkung. Vielmehr
erscheinen die Aussagen in 12, 49 und 12, 50 als parallel, und
das sind sie nicht. Ebensowenig ist 12, 50 gleichartig mit 12, 51.
Aber auch 12, 49 und 12, 51 passen nicht zu einander, der er-
wünschte Brand kann mit der grauenhaften Entzweiung der Familien
nichts zu tun haben. Bei Marcion fehlt der ganze Vers 50 und
die zweite Hälfte von Vers 49. Dann entstünde allerdings Zusammenhang, der Brand wäre der innere Krieg und Lc würde auf
Mt (10, 34. 35) reduzirt. Ich habe jedoch gar kein Zutrauen zu

dieser Lesung des Marcion, glaube vielmehr, daß Lc ganz disparate
Dinge nach irgend welcher Ideenassociation zusammengestellt hat.
— Δοῦναι (12, 51) wird von D richtig durch ποιῆσαι erklärt.

Lc. 12, 54—59.

Er sprach aber auch zu dem Volke: Wenn ihr eine Wolke
aufsteigen seht im Westen, so sagt ihr alsbald: es kommt Regen,
und es geschieht so. [55]Und wenn der Südwind weht, so sagt
ihr: es gibt Hitze, und es geschieht so. [56]Ihr Heuchler, das
Aussehen des Himmels [und der Erde] wißt ihr zu beurteilen,
die Zeit der Gegenwart aber nicht.

[57]Warum nehmt ihr auch nicht von euch selber das
Rechte ab? [58]Denn wenn du mit deinem Widersacher zum
Beamten gehst, so gib dir unterwegs Mühe, von ihm loszu-
kommen; sonst schleppt er dich zum Richter und der Richter
übergibt dich dem Vollstrecker und der Vollstrecker wirft
dich ins Gefängnis. [59]Ich sage dir, du wirst nicht heraus-
kommen, bis du den letzten Heller bezahlt hast.

12, 54—56. Auch hier ist von den Zeichen der Parusie die
Rede, aber in allgemeinerer Weise, so daß Lc hier das Volk als
Adresse angibt. Und der Erde ist ein falscher Zusatz, dessen
Stelle in den Hss. schwankt. Für die Luft oder Wetter (sensu
medio) haben die Semiten kein eigenes Wort, sie brauchen Himmel
dafür. Wir würden dafür sagen: die Zeichen des Wetters und
die Zeichen der Geschichte.

12, 57—59 (Mt. 5, 25. 26). Der Vers 57 könnte dem Inhalt
nach zum Vorhergehenden gehören; aber dagegen spricht δὲ καί und
γάρ. Ihn mit dem Folgenden zu verbinden, ist indessen auch nicht
leicht. Zu der Frage 12, 57 paßt die Begründung 12, 58s. schlecht.
Es müßte zunächst einfach kategorisch heißen: ihr gebt euch doch
im gewöhnlichen Leben Mühe, euren Gläubiger zu befriedigen, und
vermeidet es vor den Richter geschleppt zu werden. Dann erst
imperativisch: so solltet ihr, an euch selbst ein Beispiel nehmend, es
doch auch mit eurem himmlischen Gläubiger machen, ehe es zum
Gericht kommt. Es ist eine Aufforderung zur Buße. Δὸς ἐργασίαν
(12, 58) wird von den Latinae, auch von Hieronymus, mit da
operam übersetzt; es scheint in der Tat ein Latinismus zu sein,
der weit mehr auffällt als speculator, legio, custodia, praetorium.

Lc. 13, 1–8.

Zu der Zeit kamen einige und berichteten von den Galiläern, deren Blut Pilatus mit (dem Blut) ihrer Opfer gemischt hatte. ²Und er antwortete ihnen: Meint ihr, daß diese Galiläer größere Sünder gewesen sind, als die anderen Galiläer, weil ihnen dies widerfahren ist? ³Nein, ich sage euch, wenn ihr nicht Buße tut, werdet ihr alle ebenso umkommen. ⁴Oder meint ihr, jene achtzehn, auf die der Turm von Siloam fiel und sie tötete, seien schuldiger gewesen als die anderen Einwohner von Jerusalem? ⁵Nein, sage ich euch, sondern wenn ihr nicht Buße tut, werdet ihr allesamt ebenso umkommen. ⁶Er sagte aber dieses Gleichnis. Es hatte einer einen Feigenbaum in seinem Weinberg stehn, und er kam Frucht daran zu suchen und fand keine. ⁷Da sagte er zu dem Weingärtner: nun schon drei Jahre komme ich und suche Frucht an dem Feigenbaum und finde keine, hol die Axt, hau ihn ab, was verunnützt er das Land! ⁸Er antwortete: Herr, laß ihn noch dies Jahr, daß ich den Boden um ihn grabe und einen Korb Dünger daran tue; ⁹vielleicht bringt er nächstes Jahr Frucht, sonst hau ihn ab.

13, 1—5. Schon 12, 57—59 ist eine Aufforderung zur Buße, dies Thema wird in 13, 1—9 fortgesetzt, ohne daß jedoch die Parusie als Motiv deutlich hervortritt. An heiliger Stätte, beim Opfern, soll Pilatus die Galiläer niedergehauen haben, natürlich als Aufrührer. Wenn das in Jerusalem geschehen wäre, so hätte ein solcher Skandal von Josephus nicht übergangen werden können. Die Galiläer aber durften nur in Jerusalem opfern. Also können die Rebellen, die beim Opfer überfallen sind, keine Galiläer gewesen sein. Theodor Beza hat wol recht, daß vielmehr der Mord der Samariter auf dem Garizzim (Jos. Ant. 18, 85ss.) gemeint ist, der große Aufregung hervorrief und zur Absetzung des Pilatus führte. Wenn dieses Ereignis erst in die Zeit nach Ostern 35 fiel, so hat es Jesus allerdings nicht mehr erleben können. Denn der späteste mögliche Termin der Kreuzigung ist Ostern 35; zu Ostern 36 war Pilatus nicht mehr in Amt. Daß Lc den Josephus nicht gekannt hat, ist klar. — Das Ereignis, worauf in 13, 4 hingewiesen wird, ist unpolitisch und darum von Josephus nicht erwähnt; es setzt Bekanntschaft der Zuhörer mit der jerusalemischen Lokal-

chronik voraus. Die Bußpredigt Jesu kann auch ohne das End-
gericht auskommen, mit plötzlichen Todesfällen (12, 16 ss.) und
Katastrophen, mit warnenden Beispielen solcher Leute, denen kein
Raum zur Sinnesänderung gelassen wurde. Der Gedanke, daß aus
dem Unglück nicht auf die Schuld geschlossen werden dürfe (Joa.
9), tritt bei Lc nicht hervor; die Betroffenen verdienen ihr Schicksal,
jedoch nicht mehr als andere, die mit ebensoviel Recht hätten betroffen werden können. Die Frage, warum denn Gott gerade an
ihnen ein Exempel statuirte, wird nicht berührt. Jesu selber würde
das Unterfangen einer Theodicee vermutlich vollkommen gottlos
vorgekommen sein. — Πάντας (13, 4. 14, 10) heißt wie oft: die
anderen. Auch umgekehrt sagen die Semiten Rest für Gesamtheit.

13, 6—9 ist ein Gegenstück zum Vorhergehenden: die, denen
Gott noch Frist zur Buße läßt, sollen die Frist benutzen, denn
lange dauert sie nicht. Zu grunde liegt Mt. 3, 10. Hier historische
Allegorie zu suchen ist kein Anlaß, und es gelingt auch nicht
(Jülicher). Das jüdische Volk müßte der Weinberg sein, der Feigenbaum ist ein Individuum. Die drei Jahre und das vierte Jahr
spotten vollends jeder Ausdeutung.

13, 7. Siehe drei Jahre seitdem sagen die Aramäer, sie
haben keinen anderen Ausdruck für schon vgl. 13, 16. Mc. 8, 2.
D fügt hinzu: hol die Axt.

13, 8. D liest: einen Korb Dünger. Im A. T. wird das
Düngen nie erwähnt, z. B. nicht in Isa. 5, 2.

13, 9. Die erste Apodosis im alternativen Bedingungssatz wird
als selbstverständlich ausgelassen. Das geschieht auch im klassischen
Griechisch, vgl. Ilias 1, 135 ss. und Krüger § 54, 12 n. 12. Aber
im Semitischen ist es durchaus die Regel. Εἰς τὸ μέλλον (sc. ἔτος)
steht in D uud Syra S. an anderer Stelle. Das εἰς ist das Lamed
in למנחי und bedeutet nicht bis.

Lc. 13, 10—17.

Wie er aber am Sabbat in einer Synagoge lehrte, [11]war
da eine Frau, die hatte achtzehn Jahre lang einen Geist der
Krankheit und war verkrümmt und konnte sich nicht vollkommen aufrichten. [12]Und Jesus sah und rief sie, und mit
den Worten: „Weib, du bist erlöst von deiner Krankheit!"
[13]legte er ihr die Hände auf. Und alsbald wurde sie wieder

gerade und pries Gott. [14]Der Gemeindevorsteher aber war unwillig, daß Jesus am Sabbat heilte, hub an und sagte zu dem Volke: sechs Tage sind, an welchen man arbeiten soll; an denen kommt und laßt euch heilen und nicht am Sabbat. [15]Ihm antwortete der Herr und sprach: Ihr Heuchler, löst nicht jeder von euch am Sabbat seinen Ochsen oder Esel von der Krippe und führt ihn zur Tränke? [16]Dies Weib aber, eine Tochter Abrahams, die der Satan nun schon achtzehn Jahre gebunden hat, sollte nicht von ihren Banden gelöst werden dürfen am Sabbatstag? [17]Und alle seine Widersacher schämten sich.

Hier wird der Faden von 12, 13—13, 9 fallen gelassen, und es folgen lose an einander gereihte Stücke, die freilich gelegentlich auch von der Parusie handeln. Die Situation soll noch immer die Reise nach Jerusalem sein. Das Lehren am Sabbat in unserer Perikope führt jedoch eher nach Kapernaum. Wir würden die Gekrümmtheit, die von einem bösen Geist herrühren soll (13, 11), ganz entsprechend als einen Hexenschuß bezeichnen. Der Vorsteher schilt das Volk und meint Jesus, demgemäß antwortet dieser (13, 14. 15), braucht aber auch seinerseits pluralische Anrede.

Lc. 13, 17–22.

Und alles Volk freute sich über all das Herrliche, was von ihm geschah. [18]Er sprach nun: Wem ist das Reich Gottes gleich und womit soll ich es vergleichen? [19]Es gleicht einem Senfkorn, das einer nahm und in seinen Garten säte, und es wuchs und ward zu einem Baume, und die Vögel des Himmels nahmen in seinen Zweigen Wohnung. [20]Oder wem ist das Reich Gottes gleich und womit soll ich es vergleichen? [21]Es gleicht dem Sauerteige, den ein Weib nahm und in drei Scheffel Mehl tat, bis daß es ganz durchsäuert wurde. [22]Und er wanderte von Stadt zu Stadt, von Dorf zu Dorf, indem er lehrte, und nach Jerusalem reiste.

Der Anlaß für diese Stellung der beiden auch in Mt. 13, 31—33 vereinigten Parabeln scheint in der zweiten Hälfte von 13, 17 angegeben zu werden. Die Freude des ganzen Volks über Jesu Auftreten erweckte gute Hoffnung auf das Wachstum des Reiches Gottes.

Lc. 13, 23–30.

Es fragte ihn aber einer: Herr, sind es nur wenige, die gerettet werden? [24]Er sprach: setzt alle Kraft daran, durch die enge Pforte hineinzukommen; denn viele, sage ich euch, suchen hineinzukommen und vermögen es nicht. [25]Wenn der Hausherr sich aufgemacht und die Tür geschlossen hat, und ihr draußen anfangt zu klopfen und sagt: Herr, tu uns auf, so wird er euch antworten: ich weiß nicht, woher ihr seid. [26]Dann werdet ihr anheben: wir haben ja mit dir gegessen und getrunken und auf unseren Straßen hast du gelehrt. [27]Und er wird euch sagen: ich habe euch nie gesehen, weicht von mir, all ihr Täter der Ungerechtigkeit. [28]Da wird Gejammer sein und Zähneknirschen, wenn ihr seht, wie Abraham und Isaak und Jakob und die Propheten alle im Reiche Gottes sind und ihr hinausgeworfen werdet. [29]Von Morgen und Abend, von Süd und Nord werden sie kommen und im Reich Gottes zu Tisch sitzen. [30]Denn es gibt letzte, die werden erste sein, und erste, die werden letzte sein.

13, 23. 24. Es besteht eine innere Verbindung mit dem Vorhergehenden. Dort ist gesagt: das Reich Gottes wird sich bald sehr ausdehnen; hier dagegen: nur wenige kommen hinein. Der Gesichtspunkt, unter dem es aufgefaßt wird, ist verschieden. Die einleitende Frage (13, 23) müßte also eigentlich ein Einwurf sein: Herr, es sollen ja aber doch nur wenige gerettet werden! Unter allen Umständen erklärt sie sich nur aus Mc. 10, 26. Lc. 18, 26 und aus den dortigen Prämissen. Dadurch wird dann auch der Übergang zu 13, 24 begreiflich; die als bekannt vorausgesetzte enge Tür ist das Nadelöhr von Mc. 10. Lc. 18.

13, 25 ist ad vocem θύρα angehängt; die Tür ist hier aber nicht die selbe wie die in 13, 24 gemeinte. Vgl. Mt. 25, 10.

13, 26. 27. Die zu spät Gekommenen sind diejenigen, die im Vertrauen auf ihre persönliche Bekanntschaft mit dem Herrn es nicht für nötig gehalten haben, sich beständig für seine Parusie innerlich bereit zu halten. Es wird bei Lc und bei Mt gleichmäßig betont, daß persönliche Bekanntschaft mit Jesu, Anciennetät der Jüngerschaft, sogar das Martyrium keinen Vorzug verleiht für das zukünftige Reich Gottes.

13, 28. 29. In Mt. 8, 11. 12 steht der Satz mit ἐκεῖ am
Schluß. Dadurch, daß er bei Lc. an den Anfang gerückt wird,
hat ἐκεῖ seine Beziehung verloren; denn es wird nur für den Ort
und nicht für die Zeit gebraucht.

13, 30 bezieht sich bei Lc ebenso wie bei Mt (20, 16) auf
Christen, s. zu 13, 26. 27. Viele, die gegenwärtig in der christlichen Gemeinde die ersten sind, werden im künftigen Reich Gottes
die letzten sein.

Lc. 13, 31–35.

Zu der Stunde kamen einige Pharisäer zu ihm und sagten:
wandere fort von hier, denn Herodes will dich töten. [32]Und
er sprach zu ihnen: geht und sagt jenem Fuchse: Siehe ich
treibe Dämonen aus und vollbringe Heilungen heute und
morgen [und am dritten Tage werde ich vollendet]; [33]freilich
muß ich [heute und morgen und] am folgenden Tage wandern,
denn es geht nicht, daß ein Prophet umkomme außerhalb
Jerusalems.

[34]Jerusalem, Jerusalem, die du tötest die Propheten und
die zu dir gesandten Boten steinigst, wie oft habe ich deine
Kinder sammeln wollen, wie eine Henne ihre Küchlein unter
ihre Flügel, und ihr habt nicht gewollt! [35]Siehe euer Haus
wird liegen gelassen. Ich sage euch: ihr werdet mich nicht
sehen, bis kommen wird, wo ihr sprecht: gesegnet, der da
kommt im Namen des Herrn.

13, 31. Es ist für Lc bezeichnend, daß er diese Geschichte in
die Periode der Wanderung versetzt, obwol aus ihr selber deutlich
erhellt, daß Jesus sich noch in Kapernaum befindet und erst
demnächst abreisen will. Die Pharisäer werden vom Redaktor
eingesetzt sein, wie häufig. Ob man aus 13, 32 schließen darf,
daß Herodes selber die Warner abgesandt hat, um durch einen
Schreckschuß zum Ziele zu kommen, und ob er eben deshalb ein
Fuchs genannt wird, läßt sich bezweifeln. Jesus scheint die
Warnung ernst zu nehmen, und wir dürfen unsere Vorstellung
vom Fuchs nicht einfach auf die alten Juden übertragen. Vgl.
zu Mc. 6. p. 51.

13. 32. 33. Jesus sagt: durch Herodes lasse ich mich nicht ver-
scheuchen, ich setze meine bisherige Wirksamkeit vor der Hand

ruhig fort, aber allerdings (πλήν) werde ich demnächst aufbrechen, nicht aus Furcht vor dem Tyrannen, sondern weil ich in Jerusalem und nirgend anders sterben muß. Dieser Sinn ist klar und wird auch nicht verkannt. Aber wenn es in 13, 32 heißt: heute und morgen bleibe ich noch hier, so widerspricht dem die Aussage in 13, 33: heute und morgen und am folgenden Tage reise ich. Die gesperrt gedruckten Worte müssen interpolirt sein. Es fragt sich, aus welchem Grunde sie zugefügt sind. Der Grund kann nur in dem Schlußsatze von 13, 32 liegen: am dritten Tage werde ich vollendet. Denn darauf kann nicht fortgefahren werden: und am folgenden Tage muß ich reisen. Um das τῇ ἐχομένῃ hinter dem in der Tat damit identischen τῇ τρίτῃ möglich zu machen, um ihm die richtige Beziehung zu geben, ist davor σήμερον καὶ αὔριον noch einmal wiederholt. Es folgt, daß καὶ τῇ τρίτῃ τελειοῦμαι die erste Interpolation ist und daß sie die zweite (σήμερον καὶ αὔριον 13, 33) nach sich gezogen hat.

13, 34. 35 (Mt. 23, 37—39). Die Worte sind ad vocem Jerusalem (13, 33) angehängt, in Wahrheit aber nicht in Galiläa, sondern in Jerusalem selber gesprochen, wie bei Mt. Zu ἥξει (13, 35) könnte der futurische Satz mit ὅτε Subjekt sein; ich vermute indes, daß ὅτε das aramäische Relativ (is cui) wiedergibt und daß das wahre Subjekt der Messias (ὁ ἐρχόμενος) ist. Sehr bemerkenswert ist die Auslassung von ἔρημος hinter ἀφίεται; vgl. zu Mt. 23, 38.

Lc. 14, 1–35.

Und als er an einem Sabbat in das Haus eines der obersten Pharisäer zum Essen gekommen war, und sie ihm aufpaßten, ²erschien da ein Mensch vor ihm, der die Wassersucht hatte. ³Und Jesus hub an und sprach zu den Gesetzesgelehrten und Pharisäern: darf man am Sabbat heilen oder nicht? Sie aber schwiegen still. ⁴Und er faßte und heilte ihn und ließ ihn gehn, ⁵und sprach zu ihnen: wer von euch, wenn ihm ein Schaf oder Rind in den Brunnen fällt, zieht es nicht alsbald heraus am Sabbatstag? ⁶Und sie konnten darauf nichts erwidern.

⁷Er sagte aber zu den Gästen ein Gleichnis, da er beachtete, wie sie sich die ersten Plätze aussuchten, und sprach

zu ihnen: [8]Wenn du zu einer Hochzeit geladen bist, so setz
dich nicht obenan, sonst möchte ein vornehmerer Gast da sein
[9]und der Wirt kommen und zu dir sagen: mach dem da
Raum! dann müßtest du mit Beschämung den letzten Platz
einnehmen. [10]Sondern, wenn man dich einladet, so geh und
setz dich untenan, damit der Wirt, wenn er kommt, zu dir
sage: Freund, rück besser hinauf! dann widerfährt dir Ehre
vor den anderen Gästen. [11]Denn wer sich erhebt, wird erniedrigt, und wer sich erniedrigt, wird erhoben.

[12]Er sagte aber auch zu dem Wirt: Wenn du ein Mahl
gibst zu Mittag oder zu Abend, so lad nicht deine Freunde
ein, noch deine Verwandten, noch deine Nachbarn, noch die
Reichen; sonst laden sie dich wieder ein und du hast deine
Vergeltung. [13]Sondern, wenn du eine Bewirtung anstellst, so
lad Arme, Krüppel, Lahme, Blinde ein; [14]und selig bist du,
wenn sie es dir nicht vergelten können, denn es wird dir ver-
golten bei der Auferstehung der Gerechten.

[15]Als einer der Gäste das hörte, sagte er zu ihm: selig,
wer da essen darf im Reiche Gottes.

[16]Er aber sprach: Ein Mann richtete ein großes Mahl zu
und ladete viele ein. [17]Und als die Stunde des Mahls gekommen war, sandte er seinen Knecht um den Geladenen zu
sagen: kommt, denn es ist nun bereit. [18]Und sie begannen
mit einem male alle sich zu entschuldigen. Der Erste sagte:
ich habe einen Hof gekauft und muß notwendig fort und ihn
besichtigen, ich bitte dich, halt mich entschuldigt! [9]Ein anderer
sagte: ich habe fünf Joch Ochsen gekauft und gehe sie zu besichtigen, ich bitte dich, halt mich entschuldigt! [20]Und ein
anderer sagte: ich habe ein Weib gefreit, darum kann ich
nicht kommen. [21]Und der Knecht kam und meldete das
seinem Herrn. Da ward der Hausherr zornig und sagte zu
dem Knechte: geh stracks auf die Straßen und Gassen der
Stadt und bring die Armen und Krüppel und Blinden und
Lahmen her. [22]Und der Knecht sprach: Herr, dein Befehl
ist geschehen, es ist aber noch Raum da. [23]Und der Herr
sagte zu dem Knechte: geh hinaus auf die Landstraßen und
an die Zäune und nötige sie hinein, damit mein Haus ge-
pfropft voll werde; [24]denn ich sage euch: keiner von den
Männern, die geladet sind, soll von meinem Mahle kosten.

²⁵Mit ihm zusammen aber wanderten viele Leute aus dem Volk, und er sprach zu ihnen gewandt: ²⁶Wer zu mir kommt und nicht hintansetzt Vater und Mutter und Weib und Kinder und Brüder und Schwester, dazu sich selbst, kann nicht mein Jünger sein. ²⁷Wer nicht sein Kreuz trägt und mir nachfolgt, kann nicht mein Jünger sein. ²⁸Wer unter euch, der einen Turm bauen will, setzt sich nicht zuvor hin und überschlägt die Kosten, ob er genug hat zur Ausführung? ²⁹damit nicht, wenn er nach der Grundlegung den Bau nicht vollenden kann, alle die es sehen anfangen ihn zu verspotten und zu sagen: ³⁰dieser Mann hat einen Bau angefangen und ihn nicht vollenden können. ³¹Oder welcher König, der mit einem andern Könige zu streiten geht, setzt sich nicht zuvor hin und ratschlagt, ob er wol mit zehntausend Mann dem begegnen kann, der mit zwanzigtausend gegen ihn ausrückt? ³²wo nicht, so schickt er eine Gesandtschaft an ihn, so lange er noch ferne ist, und bittet um Frieden. ³³So kann auch keiner von euch mein Jünger sein, der nicht allem Besitz entsagt. ³⁴Das Salz ist wol ein gut Ding; wenn aber das Salz fade wird, womit kann man es herstellen? ³⁵es ist weder für das Land noch für den Düngerhaufen angebracht, man wirft es weg. Wer Ohren hat zu hören, der höre!

14, 1—6. Da die Meinung der Frage Jesu (14, 5) ist: „wenn ein Tier am Sabbat gerettet werden darf, wie viel mehr ein Mensch", so kann in diesem Gegensatz der Sohn nicht auf die Seite des Tieres gestellt werden. Die bestbezeugte Lesart υἱός ist unmöglich. Sie muß aber erklärt und darf nicht einfach in ὄνος oder πρόβατον verbessert werden. Mill hat vermutet, υιος sei falsche Auflösung von υς, welches hier in Wahrheit als οις hätte aufgefaßt werden müssen; und Lachmann ist dem mit Recht beigetreten. Das Bedenken, daß dies alte edle Wort für Schaf in der späteren Gräcität nicht mehr gebraucht werde, schlägt nicht durch. Zur Parataxe (14, 5) vgl. Mt. 18, 21.

14, 7—11. Jesus gibt hier einmal eine profane, keine religiöse Verhaltungsmaßregel. Das hat er gewiß oft genug getan, aber in der evangelischen Überlieferung kommt es sonst nicht vor. Lc macht eine Parabel daraus (14, 7) und hängt als geistliche Moral einen öfters wiederkehrenden Spruch daran (14, 11). So mit Recht Jülicher.

14, 12—14. Auch das ist kein Gleichnis. Die Mahnung, die hier gegeben wird, schlägt jedoch in das Gebiet der Religion. Ob die Auferstehung der Gerechten (14, 14) hier unterschieden wird von der allgemeinen Auferstehung, die erst später eintritt, ist nicht ganz sicher, und Act. 24, 15 spricht nicht dafür. Nach 20, 35 scheint Lc eine Auferstehung der Ungerechten gar nicht anzuerkennen.

14, 15—24 (Mt. 22, 1—14). Der überraschende Ausruf 14, 15 hat nur den Zweck, den Übergang von der irdischen zur himmlischen Tafel zu machen und anzudeuten, daß im folgenden Gott das Gegenbild des Wirtes ist, der nicht die Vornehmen, sondern die Geringen einladet. In 14, 16—24 liegt in der Tat ganz deutlich eine Parabel vor. Über ihre Bedeutung und die Unterschiede ihrer Fassung bei Lc und Mt ist zu Mt gehandelt. Die steigernde Wiederholung (14, 22—24) findet sich nur bei Lc. Auf den Singular des einladenden Knechtes bei Lc muß wol Gewicht gelegt werden. Mt scheint wenigstens Jesum darunter verstanden zu haben. Er will diesen aber vom Knecht zum Sohn erheben, er soll nicht selber einladen, sondern es soll zu ihm, zu seiner Hochzeit, eingeladet werden. Darum setzt er die Knechte in den Plural und denkt dabei an die Apostel: Εἶπεν (14, 18—20) bedeutet natürlich: er ließ sagen, nämlich dem Herrn. Ἀπὸ μιᾶς (14, 18) kann kaum etwas anderes sein als min ch'da (Syra S.).

14, 25—35 erinnert an Mt. 22, 11—14 und steht in antithetischem Zusammenhang mit 14, 15—24, ähnlich wie 13, 23ss. mit 13, 18ss. Alles Volk wird zum Reich Gottes eingeladen und kommt auch, aber der wahren Jünger sind nur wenige; es besteht ein Unterschied zwischen der empirischen und der idealen Bürgerschaft des Reichs und die letztere ist ein viel engerer, wenngleich konzentrischer Kreis.

14, 25—27. Im Handumdrehen wechselt die Situation; Jesus wandert weiter nach Jerusalem. Die Anrede richtet sich an das viele Volk, das ihn dabei begleitet, aber nicht daran denkt, ihm in den Tod zu folgen. Die Probe der wahren Nachfolge ist das Martyrium. Über die relative Bedeutung von μισεῖν (14, 26) s. zu Mt. 6, 24. Richtig Mt. 10, 37: wer Vater oder Mutter mehr liebt, als mich.

14, 28—33. Der Vergleich der Nachfolge mit einem kostspieligen Bau, vor dem man sich wol überlegen soll, ob man auch

die Mittel hat, ihn durchzuführen (14, 28—30), erscheint uns gesucht. Ebenso auch der folgende Vergleich (14, 31. 32), worin
dem, dessen Kräfte nicht reichen, empfohlen wird, lieber gleich am
Anfange von der Nachfolge zurückzutreten und, wenn man noch
weiter ausdeuten darf, seinen Frieden mit der Welt zu machen,
statt an dem Versuch, sie zu verleugnen und zu bekämpfen, zu
scheitern. Von der positiven Moral 14, 33 ausgehend, vermutet
Jülicher, daß auch der Sinn der beiden Gleichnisse ursprünglich positiv
und nicht bloß abratend war. „Wer ist, der einen Turm bauen will
und, wenn sein Barvermögen nicht ausreicht, nicht lieber Haus
und Hof verkauft, um sich nicht lächerlich zu machen? Und
welcher König, der seine Unabhängigkeit gegen einen fremden Er-
oberer zu verteidigen hat, wird nicht Gut und Leben daran setzen,
um den Feind trotz seiner Überlegenheit zu schlagen?" Es kommt
mir jedoch bedenklich vor, von der Schlußmoral aus das Gleichnis
zu korrigiren; in der Regel ist das umgekehrte Verfahren an-
gebrachter. Auch hätte Lc schwerlich das viele Volk zur Adresse
gemacht, wenn die folgende Rede keine Abmahnung von der Nachfolge gewesen wäre, sondern eine Aufforderung dazu.

14, 34—35 wie Mc. 10, 50 und Mt. 5, 13. Auch Lc versteht
unter dem Salz die Jünger. Sie müssen, um zu wirken, nicht
zahlreich sein, aber voll und ganz die Eigenschaft des Jüngers,
die Entschlossenheit zur Nachfolge, haben. Nur dann sind sie zu
etwas nütze.

Lc. 15, 1–10. Mt. 18, 12–14.

Da sich aber allerhand Zöllner und Sünder an ihn heran
machten, um ihn zu hören, ²murrten die Pharisäer und Schriftgelehrten und sagten: dieser nimmt die Sünder an und ißt
mit ihnen. ³Er aber sagte zu ihnen dieses Gleichnis: ⁴Wer
von euch, wenn er hundert Schafe hat und eins davon verliert, läßt nicht die neunundneunzig auf der Trift und geht
dem verlorenen nach, bis er es findet? ⁵und hat er es gefunden,
so legt er es voll Freude auf seine Schulter, ⁶und nach Hause
gekommen, ruft er Freunde und Nachbarn zusammen und
spricht: freut euch mit mir, ich habe mein verlorenes Schaf
wiedergefunden. ⁷Ich sage euch, so ist mehr Freude im
Himmel über einen Sünder, der rückkehrt, als über neunund-

neunzig Gerechte, die der Rückkehr nicht bedürfen. [8]Oder wenn ein Weib zehn Silberlinge hat und einen verliert, zündet sie nicht ein Licht an und kehrt das Haus und sucht angelegentlich, bis sie ihn findet? [9]Und hat sie ihn gefunden, so ruft sie Freundinnen und Nachbarinnen zusammen und spricht: freut euch mit mir, ich habe meinen verlorenen Silberling gefunden. [10]So, sage ich euch, wird Freude sein vor den Engeln Gottes über einen einzigen Sünder, der rückkehrt.

Man darf hier wie anderswo mit der von Lc angenommenen Situation keinen Ernst machen. Er würde in Verlegenheit geraten sein über die Frage, ob alle die Zöllner und Schriftgelehrten und Pharisäer zur Reisebegleitung Jesu gehörten oder in einem Dorfe unterwegs (wo möglich in Samarien) ein Haus hatten, wo sie ihn bewirteten. Das Thema ist in dieser und der folgenden Perikope wieder die μετάνοια, aber von der freundlichen, nicht von der herben Seite angesehen. Ich habe hier nach dem Sinne des Urworts Rückkehr zu übersetzen müssen geglaubt, weil das Schaf und das Geld nicht Buße tut, sondern nur zurückkommt. Mt faßt die Rückkehr auf als Wiedervereinigung eines abgeirrten Gliedes mit der christlichen Gemeinde. Anders Lc; ob dessen Auffassung aber die ursprünglichere ist, läßt sich fragen. Für ἐν .τ῀ ἐρήμῳ (15, 4) sagt Mt (18, 12) ganz im gleichen Sinne ἐπὶ τὰ ὄρη, das Urwort für ἔρημος bedeutet eigentlich Trift. Die Engel (15, 9) sind, wie gewöhnlich, nur der Hof Gottes im Himmel, nicht seine Boten und Werkzeuge auf Erden. Das zweite, ganz identische Gleichnis fehlt bei Mt ebenso, wie 9, 61. 62. Das griechische δραχμή findet sich nur hier bei Lc, sonst wird immer das lateinische δηνάριος gebraucht.

Lc. 15, 11–32.

Er sagte aber: Ein Mann hatte zwei Söhne. [12]Und der Jüngere sagte zum Vater: Vater, gib mir den auf mich treffenden Teil des Vermögens. Und er teilte ihnen das Hab und Gut. [13]Nicht lange darnach nahm der jüngere Sohn alles zusammen und zog in ein fernes Land, und dort brachte er sein Vermögen durch mit lüderlichem Leben. [14]Als er nun alles durchgebracht hatte, trat eine schwere Hungersnot in jenem Lande ein, und er begann zu darben. [15]Und er

ging hin und hängte sich an einen von den Einheimischen,
und der schickte ihn auf seine Felder, die Schweine zu hüten.
[16]Und er begehrte sich den Bauch zu füllen mit den Schoten,
die die Schweine fraßen, und niemand gab sie ihm. [17]Da
kam er zu sich und sagte: wie viele Tagelöhner meines Vaters
haben Brot in Überfluß, ich aber geh hier vor Hunger zu
grunde; [18]ich will mich aufmachen zu meinem Vater und ihm
sagen: Vater, ich habe gesündigt gegen den Himmel und wider
dich, [19]ich bin nicht mehr wert, dein Sohn zu heißen, behandle
mich wie einen deiner Tagelöhner. [20]Und er machte sich auf
zu seinem Vater. Als er aber noch weit weg war, sah ihn
sein Vater, und es jammerte ihn sein, und er lief und fiel ihm
um den Hals und küßte ihn. [21]Da sagte der Sohn zu ihm:
Vater ich habe gesündigt gegen den Himmel und wider dich,
ich bin nicht mehr wert, dein Sohn zu heißen. [22]Der Vater
aber sagte seinen Knechten: geschwind bringt das kostbare
Feierkleid und legt es ihm an, und tut ihm einen Ring an die
Hand, und Schuhe an die Füße, [23]und das Mastkalb holt und
schlachtet, und wir wollen essen und uns gütlich tun, [24]denn
dieser mein Sohn war tot und ist wieder aufgelebt, war verloren und ist gefunden. — Und sie begannen, sich gütlich zu
tun. [25]Der ältere Sohn aber war auf dem Felde; wie er nun
heimkam und nahe zu dem Hause, hörte er Flöte und Reigen
[26]und rief einen Knecht und erkundigte sich, was das bedeute.
[27]Er sagte ihm: dein Bruder ist gekommen, und dein Vater
hat das Mastkalb geschlachtet, weil er ihn gesund wieder hat.
[28]Da zürnte er und wollte nicht hinein, sein Vater aber kam
heraus und redete ihm zu. [29]Er antwortete dem Vater: schon
soviel Jahre verrichte ich dir Knechtsdienst, und nie habe ich
ein Gebot von dir vernachlässigt, und nie hast du mir einen
Ziegenbock geschlachtet, daß ich mir gütlich täte mit meinen
Freunden; [30]nun aber dieser dein Sohn gekommen ist, der sein
Hab und Gut mit Huren verzehrt hat, hast du ihm das Mastkalb
geschlachtet. [31]Er aber sagte zu ihm: Sohn, du bist allezeit
bei mir, und alles Meinige ist dein; [32]man mußte sich aber doch
freuen und gütlich tun, denn dieser dein Bruder war tot und
ist lebendig geworden, war verloren und ist gefunden.

An die Seite des verlorenen Schafes tritt hier der verlorene
Sohn. Wenn der Abgefallene — der wirkliche Sünder, nicht der

von Natur sündige Mensch — zurückkehrt, ist er der Vergebung und der freudigsten Wiederaufnahme sicher. Das ist der Sinn des ersten Teils der Parabel (15, 11—24), der vom verlorenen Sohn handelt. Es kommt aber noch ein zweiter hinzu (15, 25—32), wo vom älteren Bruder des verlorenen Sohnes die Rede ist.

Dieser zweite Teil ist eine spätere Fortsetzung des ersten. Der Übergang wird mit dem letzten Satz von 15, 24 (κ. ἤρξ. εὐφ.) gemacht, der über die Moral überhängt. Die Moral 15, 24 bildet den Schluß des ersten Teils. Aber ebenso auch den Schluß des zweiten; nur wird sie da in einem anderen, nicht freudigen, sondern entschuldigenden Ton vorgebracht: „es ging doch nicht anders". Das ist verdächtig. Ferner hat nach 15, 25 ss. nur der jüngere Sohn sein Erbteil zur Verfügung bekommen; der ältere dient seinem Vater als Knecht, darf nicht einmal ein Böckchen auf eigene Hand schlachten, und hat bloß die Anwartschaft auf den Hof. Das steht im Widerspruch mit 15, 12, wo es nicht heißt: er gab ihm, was er verlangte, sondern: er gab ihnen, d. h. beiden Söhnen, ihr Teil. Daß der Vater dabei selber auf dem Hofe bleibt und nicht einfach abdankt, verträgt sich sehr wol damit.

Freute sich der ältere Sohn auch mit, als der jüngere zurückkam? Nein, er war beim Empfang zufällig nicht zugegen. Was sagte er denn, als er nach Hause kam? Er äußerte seinen Unwillen. Diese Fragen stellt der zweite Teil an den ersten, und so beantwortet er sie. Aber eine andere und schwierigere Frage bleibt noch übrig. Verdient denn der reuige Abgefallene eine bessere Behandlung, als der, der nicht abgefallen ist und nicht umzukehren braucht? Die Antwort, welche darauf in 15, 31 gegeben wird, befriedigt nicht; sie sucht einerseits das, worüber der ältere Sohn sich beklagt, nur in ein anderes Licht zu stellen („alles Meinige ist dein", aber du darfst doch nichts anrühren), und berücksichtigt andererseits die Tatsache nicht, daß auch der jüngere nach seiner Abfindung doch wieder in den Hof aufgenommen wird. Denn daß er nur in der Freude des Augenblicks vorübergehend verzogen, vom eigentlichen Erbe aber ausgeschlossen werde, kann wol gelten für den menschlichen Vorgang, der zur Parabel dient, nicht aber für den religiösen Sinn derselben, auf den es hier gerade ankommt. Der Vergleich der beiden Brüder, der in 15, 25 ss. angestellt wird, deutet einen Zug aus, auf den in 15, 11—24 gar kein Gewicht fällt. Dort wird nicht ver-

glichen und nach der Stimmung des älteren Bruders so wenig gefragt, wie nach der Stimmung der neunundneunzig Schafe und der
neun Groschen. Er wird nur erwähnt, um zu erklären, daß der
Vater den jüngeren vom Hofe entlassen konnte, weil er noch einen
anderen Erben hatte; er verschwindet hernach völlig aus dem Ge-
sichtskreis — vermutlich nimmt er teil an der allgemeinen Freude,
er hat auch wenig Grund sich zurückgesetzt zu fühlen, da er nach
15, 12 ja ebenfalls sein Teil schon bekommen hat. Der zweite
Teil des Gleichnisses stellt das Problem der Theodicee, das dem
ersten fern liegt.

Ein Vater mit zwei Söhnen kommt nur noch einmal in einer
Parabel vor, in Mt. 21, 28ss. Dort läuft die Pointe in der Tat
auf einen Vergleich hinaus, und es liegt eine historische Allegorie
vor. Hier dagegen wird ursprünglich nicht verglichen, und man
darf das Verhältnis des verlorenen Sohnes zu dem anderen so
wenig historisch ausdeuten, wie das Verhältnis des verlorenen
Schafes zu den anderen (15, 4ss.). Die dem Lc eigentümlichen
Parabeln sind meistens auf das Individuum gerichtet.

15, 16. Schoten des Johannisbrotbaumes als Schweinefutter
verraten wol syrisch-palästinische Lokalfarbe. Für γεμίσαι τ. κ. hat
D hier χορτασθῆναι, dagegen die Syra S. in 16, 22 umgekehrt.

15, 17. Als Mietsknecht des Schweinezüchters kann er ver-
hungern, die Mietsknechte seines Vaters haben es besser. Die
δοῦλοι sind in der Regel Haussklaven, doch vgl. 17, 9. „Er kam
zu sich selbst" (D 18, 4) ist wol griechisch, die Juden sagen:
zu Gott zurückkehren. Zu dem Belag Epictet III 1, 15 fügt
E. Schwartz noch Horaz Ep. II 2, 138 hinzu. Im Syrischen hat
der Ausdruck den selben Sinn wie das deutsche zu sich kommen.
Allerdings kommt er auch vor für in sich gehn, z. B. Land
Anecd. II 126, 7 und Clem. Rec. syr. 156, 23 ed Lag., wo im
Lateinischen (7, 31) entspricht: reparata atque in semet ipsam
regressa.

15, 18. Himmel, geradezu für Gott, findet sich in den Evv.
nur an dieser Stelle. Der Wechsel von εἰς und ἐνώπιον würde
nicht auffallen, wenn ersteres vor Gott und letzteres vor den
Menschen stünde, statt umgekehrt.

15, 22. Πρῶτος wie rêschâia. Ob der hebräisch-aramäische
Gebrauch von διδόναι für machen und tun auch griechisch ist, weiß

ich nicht; vgl. 12, 50. Hand ohne Ring ist so knechtsmäßig wie
Fuß ohne Schuh.

15, 25. Συμφωνία ist der auch ins Aramäische übergegangene
Name eines Instruments (antiochenischer Mode), das ein Orchester
vertritt, wie der Dudelsack.

Luc. 16, 1–13.

Er sagte aber auch zu den Jüngern: Es war ein reicher
Mann, der hatte einen Verwalter, und dieser wurde bei ihm
verklagt, wie daß er sein Vermögen durchbringe. [2]Und er
rief ihn und sagte: was höre ich da von dir, leg die Ver-
waltungsrechnung ab, denn du kannst nicht länger Verwalter
bleiben. [3]Der Verwalter aber sprach bei sich selbst: was soll
ich machen, da mein Herr mir das Amt nimmt? graben kann
ich nicht, zu betteln schäme ich mich — [4]ich weiß, was ich
tue, damit, wenn ich von dem Amte abgesetzt werde, sie mich
in ihre Häuser aufnehmen. [5]Und er beschied die Schuldner
seines Herrn einen nach dem anderen zu sich und fragte den
ersten: wieviel bist du meinem Herrn schuldig? [6]Er antwortete: hundert Maß Öl. Er sprach: da hast du deinen Brief,
schreib flugs fünfzig. [7]Darauf fragte er einen anderen: wieviel bist du schuldig? Er antwortete hundert Malter Weizen.
Er sprach: da hast du deinen Brief, schreib flugs achtzig.
[8]Und der Herr lobte den ungerechten Verwalter, daß er klug
getan, indem er sagte: Die Kinder dieser Welt benehmen sich
verständig gegen ihresgleichen, mehr als die Kinder des Lichts,
[9]und auch ich sage euch, macht euch Freunde mit dem ungerechten Mamon, damit, wenn er alle ist, sie euch aufnehmen
in die ewigen Hütten.
[10]Wer bei wenigem treu ist, ist auch bei vielem treu,
und wer bei wenigem unredlich ist, ist auch bei vielem unredlich. [11]Wenn ihr nun bei dem ungerechten Mamon nicht
treu seid, wer will euch das wahre (Gut) anvertrauen! [12]Und
wenn ihr bei fremdem (Gut) nicht treu seid, wer will euch
euer eigenes geben? [13]Kein Hausssklave kann Knecht zweier
Herren sein, denn entweder haßt er den einen und liebt den
andern, oder hält sich an den einen und kehrt sich nicht an
den andern. Ihr könnt nicht Gott dienen und dem Mamon.

16, 1. Die Anrede richtet sich nicht an das Volk, weil das Gleichnis nicht für jedermanns Ohren ist, sondern an die Jünger — doch hören nach 16, 14 auch die Pharisäer zu.

16, 2. Τί τοῦτο gehört zusammen und ist ein Semitismus. Im Syrischen (mana = ma d'na) sagt man beständig so; wenn dieser Gebrauch im palästinischen Aramäisch nicht nachweisbar ist, so muß man eine Reminiscenz aus der Septuaginta annehmen, z. B. Gen. 42, 28.

16, 3. Der Mann macht sich keine Illusionen über sich selbst und seine Lage. „Graben kann ich nicht" ist eine gangbare griechische Redensart.

16, 4. Ein Subjekt zu δέξωνται ist noch nicht genannt. Es ist die Frage, ob die erst nachher erwähnten Schuldner gemeint sind, oder ob die 3 Pl. Act. pro passivo steht, was bei Lc oft vorkommt. Dann wäre das Subjekt unbestimmt und aus dem Verb zu entnehmen = οἱ δεχόμενοι, worauf sich αὐτῶν beziehen müßte. Diese Auffassung ist auch in 16, 9 nicht unmöglich.

16, 6. Die Schuldner sind Pächter, der Zins besteht in Naturalien, in einer bestimmten Abgabe von dem Ertrage, die jährlich entrichtet wird. Der Schuldbrief wird vom Schuldner geschrieben und geändert, das kann aber nur mit Einwilligung des Gläubigers geschehen, in dessen Hand er sich befindet. Anders in der Syra S.

16, 7. Die hundert Malter Weizen übersteigen den Wert der hundert Maß Öl; darum werden auch nur zwanzig nachgelassen.

16, 8. Der Herr ist Jesus, wie in 18, 6. Nicht erst mit 16, 9, sondern mit dem zweiten ὅτι (= lemor) in 16, 8 geht die direkte Rede Jesu an.

16, 9 setzt die bereits im vorigen Verse angefangenen oratio recta fort; vgl. 18, 8 mit 18, 6. Κἀγώ ist auch, καί wäre einfach und. Auch (wie andere solche Partikeln) wird an die Spitze des Satzes gestellt und attrahirt das Subjekt, zu dem es logisch nicht gehört (21, 31); wir erwarten: und auch euch sage ich. Der Vers schlägt zurück auf 16, 4 und enthält die eigentliche Pointe. Jülicher freilich sucht die Pointe in 16, 8. „Die Verlorenen sind in der Behandlung von ihresgleichen klüger als die Auserwählten in der Behandlung der Ihrigen — darnach wäre die Parabel darauf gemünzt, den Gläubigen die Nützlichkeit kluger Behandlung der anderen Gotteskinder einleuchtend zu machen". Das genügt ihm

jedoch selber nicht, an einer anderen Stelle sieht er von 16, 8 ab,
hält sich an das Ganze und läßt durch die Parabel veranschaulicht
sein, wie jemand rechtzeitig die geeigneten Mittel ergreift, um seinen
Zweck zu erreichen, wie er aus scheinbar hoffnungsloser Notlage
sich doch noch rettet, weil er überlegt und handelt, so lange ihm
beides noch nützen kann, so lange er noch Mittel in Händen hat.
Die entschlossene Ausnutzung der Gegenwart als Vorbedingung für
eine erfreuliche Zukunft (ich würde an Jülichers Stelle hinzufügen:
und die vollkommen illusionslose Beurteilung der Umstände) solle
an der Geschichte des Haushalters eingeprägt werden. Aber durchaus nicht die rechte Verwendung des Reichtums, das sei für den
Sinn völlig belanglos. Merkwürdig, daß das was am meisten hervorgehoben wird, nichts zu bedeuten haben soll; es ist doch nicht
von Moral überhaupt die Rede, sondern stets vom rechten Gebrauch
des Mamon. Jülicher ist dadurch irre geleitet, daß er den Vers 9
von Vers 8 abtrennt und für einen späteren Zusatz erklärt — aus
formellen Gründen, weil er mit allen anderen Auslegern die Konstruktion von Vers 8 verkennt und den Sinn des zweiten ὅτι mis-
versteht. Sachlich besteht kein Grund, die beiden Verse zu
trennen, sie vertragen sich sehr gut miteinander und bedürfen
einer des andern. „Weil er klüglich gehandelt hat" ist doch zu
wenig; man fragt „worin?", und darauf erfolgt die Antwort: weil
er sich Freunde gemacht hat mit dem nicht ihm gehörigen Mamon. Der allgemeinen Bemerkung in 16, 8 wird erst durch 16, 9
die eigentliche Spitze aufgesetzt, und gerade 16, 9 ist durch 16, 4
schon vorbereitet und angelegt.

Der Mamon ist immer μ. τῆς ἀδικίας, immer fremdes Gut;
er gehört dem Menschen nicht mit Recht, sondern Gott. Indessen
Gott verlangt, man solle das von ihm anvertraute Gut verschenken
und sich Freunde damit machen — so wie es der Verwalter tut.
Gotte gegenüber ist das Treue, was gegenüber dem menschlichen
Herrn Untreue ist. Dieses Verständnis der Parabel hat für sich,
daß das tertium comparationis nicht vage, sondern klar und bestimmt ist. Und so gut wie man sich nach dem Evangelium mit
Almosen einen Schatz im Himmel erwirbt, kann man sich damit
auch Freunde im Himmel erwerben. An himmlische Patrone
außer Gott ist dabei freilich nicht gedacht, insonderheit nicht an
die in den Himmel gekommenen Armen und Almosenempfänger.
Über das Subjekt von δέξωνται s. zu 16, 4.

16, 10—13 ist ein Nachtrag, von Lc aus verschiedenen alten
Sprüchen zusammengewoben und an diese Stelle gesetzt, um nahe
liegendem Misverständnis des vorhergehenden Gleichnisses zu wehren.
Das Verschwenden von Gottes Gut an die Armen ist keine eigentliche Untreue, denn es entspricht der Absicht Gottes. Die eigentliche Untreue des Verwalters soll nicht empfohlen werden; im
Gegenteil, die peinlichste Treue auch im geringsten (16, 11). In
diesem Nachtrage ist deutlich das Verhalten zum Mamon als die
Lehre des Gleichnisses aufgefaßt; ebenso auch in den beiden folgenden Stücken 16, 14ss. 16, 19ss. Man könnte sich darüber hin-
wegsetzen, aber nur aus dringenden Gründen.

16, 11. Treu sein mit dem Mamon, der niemals wahres
Eigentum ist, heißt nicht ihn vergraben, sondern ihn nach Gottes
Willen verwenden — wie in der Parabel von den Talenten. Ein
Christ, der nicht einmal mit diesem äußerlichen Gut richtig um-
zugehen weiß, ist der geistlichen Gaben Gottes erst recht nicht
würdig.

16, 12 scheint ein Pendant zu 16, 11 zu sein. Dann wäre
das Äußerliche dem Innerlichen entgegengesetzt. Zwischen ὑμέτερον
und ἡμέτερον ist kein sachlicher Unterschied; wenn die formell
kaum zu ertragende letztere Lesart richtig wäre, so würde Jesus
sich mit den anderen Genossen des Reichs auf eine Stufe stellen.

16, 13 (Mt. 6, 24) ist nur ad vocem μαμωνᾶς angehängt.

Lc. 16, 14–18.

Die Pharisäer aber, die hinter dem Geld her sind, hörten
das, und höhnten über ihn. [15]Und er sprach zu ihnen: Ihr
seid die Leute, die sich vor den Menschen gerecht machen.
Gott aber durchschaut euer Herz; denn was bei den Menschen
hoch ist, ist vor Gott ein Greuel. [16]Das Gesetz und die Propheten gehn bis zu Johannes, von da an wird das Evangelium
vom Reich Gottes verkündet, und jedermann wird hineinge-
drängt. [17]Doch ist es leichter, daß Himmel und Erde vergehn,
als daß ein Strich vom Gesetz hinfällig werde. [18]Wer seine
Frau entläßt und eine andere freit, bricht die Ehe, und wer
eine entlassene freit, bricht die Ehe.

16, 14. Der Übergang zu den Pharisäern ist abrupt. Innerlich wird dies Stück mit dem vorhergehenden dadurch verbunden,

daß Jesus dort gegen die φιλαργυρία geredet hat und die Pharisäer φιλάργυροι sind. Die letztere Angabe wird indessen nicht bloß dem Bedürfnis der Anknüpfung entstammen. Das Geldmachen verträgt sich überall gut mit religiösem Separatismus, bei Juden und Christen; und die Pharisäer gehören nicht zu den niederen Schichten, sondern zu dem wolhabenden Bürgerstande, namentlich in Jerusalem.

16, 15. Zwar geben die Pharisäer Almosen, bezwecken damit aber nur den Schein der Gerechtigkeit vor den Menschen. Gerade das Almosengeben (nebst Fasten und Beten) heißt bei den Juden Gerechtigkeit.

16, 16 (Mt. 11, 12. 13) scheint nach Lc so mit dem Vorangehenden zusammenhängen zu sollen: die Pharisäer pochen auf das Gesetz und nur auf das Gesetz; inzwischen ist aber etwas Neues eingetreten. Das Reich Gottes verwirklicht sich durch seine Verkündigung, durch das Evangelium; es liegt nicht in der Zukunft, schon jetzt kann und soll man hinein. Die Fassung von Mt. 11, 12 ist vielleicht ursprünglicher, aber schwer zu verstehn.

16, 17 (Mt. 5, 18). Das Evangelium ist jedoch keineswegs antinomistisch, wie man nach 16, 16 glauben könnte; im Gegenteil. Das schriftliche Gesetz, bis auf den kleinsten Buchstaben, bleibt bestehn und überdauert Himmel und Erde. Der Ausdruck ist bei Mt abgeschwächt — was Beachtung verdient.

16, 18 ist die Quintessenz von § 49 (Mc. 10, 1 ss.). Was in der Tat formelle Aufhebung des Gesetzes in einem Punkte ist, erscheint bei Mt (5, 31. 32) und auch hier bei Lc als Erfüllung. Denn Lc will 16, 17 durch 16, 18 bestätigen; er empfindet keinen Widerspruch dazwischen. Das Beispiel war sehr geeignet, um zu zeigen, daß die Auflösung des Gesetzes durch Jesus in Wahrheit Erfüllung sei.

Lc. 16, 19—31.

Es war aber ein reicher Mann, der kleidete sich in Purpur und feine Leinewand und lebte alle Tage herrlich und in Freuden. [20]Und ein Armer mit Namen Lazarus lag vor seiner Tür, der war voll Schwären [21]und gierig nach dem Abfall von des Reichen Tisch, noch dazu kamen die Hunde und leckten an seinen Schwären. [22]Da starb der Arme und wurde von den

Engeln in Abrahams Schoß entführt. Und auch der Reiche
starb und ward begraben. ²³Und wie er in der Hölle die
Augen erhub, sah er Abraham von weitem und Lazarus in
seinem Schoß, ²⁴und er rief: Vater Abraham, erbarm dich und
schick Lazarus, daß er seine Fingerspitze in Wasser tauche
und mir die Zunge kühle, denn ich leide Pein in dieser
Flamme. ²⁵Abraham aber sagte: mein Sohn, gedenk, daß du
dein Gutes in deinem Leben vorweg empfangen hast, und
Lazarus ebenso das Böse; jetzt wird er hier getröstet, du aber
leidest Pein. — ²⁶Und überdies ist zwischen euch und uns eine
große Kluft befestigt, damit die, welche zu euch hinüber
wollen, nicht durch können, und auch nicht die, welche von
dort zu uns wollen. ²⁷Er sagte: so bitte ich dich, Vater, daß
du ihn zu meines Vaters Hause sendest, ²⁸denn ich habe fünf
Brüder, daß er sie warne, damit nicht auch sie an diesen
Ort der Qual kommen. ²⁹Abraham sagte: sie haben Moses
und die Propheten, auf die sollen sie hören. ³⁰Er sagte: nein,
Vater Abraham; aber, wenn einer von den Toten zu ihnen
käme, würden sie Buße tun. ³¹Er sprach zu ihm: wenn sie
auf Moses und die Propheten nicht hören, nehmen sie auch
keine Vernunft an, wenn einer von den Toten auferstünde.

16, 19. Die Anrede wechselt hier nicht, sondern erst 17, 1;
das Thema ist noch der Mamon. Es liegt kein eigentliches Gleichnis
vor, sondern eine zu Lehrzwecken erfundene Geschichte mit zwei
Typen; ähnlich 18, 9ss. Dem Hauptstück (16, 19—25) ist eine
Fortsetzung angehängt (16, 26—31).

16, 20. Es mag sein, daß das aramäische meskêna schon
an sich aussätzig bedeuten kann (Ztschr. für Ass. 1903 p. 262ss.);
für πτωχός indessen ist das hier dadurch ausgeschlossen, daß εἰλ-
κωμένος ausdrücklich hinzugesetzt wird. Es fällt auf, daß der Arme
nicht anonym ist.

16, 21 scheint Reminiszenzen an die von Lc ausgelassene
Geschichte vom kanaanäischen Weibe zu enthalten. Das Lecken
der Hunde soll ein grausiger Zug sein.

16, 22. Da φέρειν nicht bloß durchgängig bei Mc, sondern
auch einige Male bei Lc für ἄγειν gebraucht wird, so wird man bei
ἀπενεχθῆναι nicht an eigentliches Tragen denken dürfen. Nicht um den
Leib, sondern nur um die Seele handelt es sich. Sie kommt nicht
erst in den gemeinsamen Aufenthalt aller abgeschiedenen Seelen,

sondern sogleich in Abrahams Schoß; vgl. 23, 43. Abraham sitzt an der himmlischen Tafel, und Lazarus liegt an seinem Busen, so wie Johannes an der Brust des Herrn. Er wird dadurch sehr ausgezeichnet; denn nicht alle seligen Juden können in Abrahams Schoß Platz finden. Daß Himmel und Hölle auch noch von anderen als Juden bevölkert werden, merkt man nicht.

16, 23. Wie der Arme ins Paradies, so kommt auch der Reiche ohne Zwischenaufenthalt in den Hades, d. i. hier (und nur hier) die Geenna. Daß er dahin gehört, versteht sich von selbst. Man kann von einem Ort zum andern hinübersehen und hinübersprechen, vgl. 13, 28. Ähnlich in 4. Esdr.

16, 25. Abraham redet dem Reichen, der auch sein Sohn ist, gütlich zu, sich zufrieden zu geben. Wem es hienieden gut gegangen ist, dem gehts im Jenseits schlecht und umgekehrt; so ist es recht und billig. Ein Unterschied der moralischen Merita wird nicht zum Ausdruck gebracht. Aber der arme Kranke vor seiner Tür ist doch eine zum Himmel schreiende Anklage gegen den reichen Prasser, der sich nicht um ihn kümmert. Mit 16, 25 als Moral (nicht erst mit 16, 26) schließt die ursprüngliche Geschichte ab. Im Folgenden wechselt das Thema vollständig.

16, 26. Abraham trägt noch einen Grund nach, um die Bitte abzulehnen: es soll nicht sein, und es kann auch nicht sein. Der Bittsteller (16, 24) scheint aber die Kluft nicht bemerkt zu haben. Ἐν πᾶσι τούτοις bedeutet hier nicht „bei alle dem", sondern „zu alle dem". In 24, 21 steht σύν für ἐν.

16, 27. Wenn Lazarus nicht zur Hölle kommen kann, so doch vielleicht zur Erde. Διαμαρτυρεῖν entspricht dem prophetischen העיד = anklagen, warnen.

16, 29—31. Das Motiv der Buße ist hier nicht das Reich Gottes, sondern der Himmel und die Hölle. Den Weg des Lebens und des Todes, den Lohn und die Strafe im Jenseits, lehrt schon Moses mit den Propheten; wer dem nicht glaubt, wird auch einem nicht glauben, der selber im Jenseits gewesen ist und aus eigener Erfahrung reden kann. Nach dem Zusammenhange gefaßt, klingt der Ausspruch 16, 31 beinah unchristlich, als ob das Gesetz genüge und ein Auferstandener nicht nötig sei. Vielleicht mit Recht hat man darum einen absoluten Sinn dahinter vermutet: die Juden glauben an den Auferstandenen (d. i. Christus) nicht, weil sie auch an das Gesetz und die Propheten nicht glauben.

Lc. 17, 1–10.

Er sprach aber zu seinen Jüngern: Es ist unmöglich,
daß nicht Verführungen kommen, weh aber dem, durch welchen
sie kommen; [2]es frommte ihm mehr, wenn ihm ein Mühlstein
um den Hals gelegt und er ins Meer gestürzt würde, als daß
er einen von diesen Kleinen verführt: nehmt euch in acht.
[3]Wenn dein Bruder sich verfehlt, so schilt ihn, und wenn er
bereut, so vergib ihm; [4]und wenn er siebenmal an einem Tage
gegen dich fehlt und siebenmal sich zu dir zurückwendet und
sagt: es ist mir leid, so sollst du ihm vergeben.

[5]Und die Apostel sagten zu dem Herrn: verleih uns mehr
Glauben. [6]Er aber sprach zu ihnen: hättet ihr Glauben so viel
wie ein Senfkorn, so sagtet ihr zu dieser Maulbeerfeige: reiß
dich mit den Wurzeln aus und pflanz dich im Meere an —
und sie wäre euch gehorsam.

[7]Wer von euch sagt zu seinem Acker- oder Hüteknecht,
wenn er vom Felde heimkommt: geschwind komm her und
setz dich zu Tisch? [8]Sagt er ihm nicht vielmehr: richt mir
was zu essen an und schürz dich und wart mir auf, darnach
kannst du essen und trinken! [9]Weiß er etwa dem Knechte
Dank, daß er das Befohlene getan hat? [10]Also auch ihr, wenn
ihr das euch Befohlene getan habt, so denkt: Knechte sind
wir; was wir zu tun schuldig waren, haben wir getan.

17, 1—4 = Mt. 18, 6s. 15. 21s. Die Anrede geht zu den
Jüngern über. Von 17, 1. 2 auf 17, 3 geht Mt folgendermaßen
über: die Verführer der Kleinen verdienen keine Nachsicht, wol
aber die Kleinen selber; wenn einer von ihnen abgeirrt ist von
der Gemeinde, soll nichts unversucht gelassen werden, ihn zurückzuführen. Bei Lc fehlt jeder Übergang, und von der Gemeinde ist
keine Rede, sondern nur davon, daß der Einzelne seinem christlichen Bruder persönliche Beleidigungen verzeihen müsse. Das
kommt bei Mt erst in 18, 21s. an die Reihe, noch nicht in
18, 15ss.

17, 5. 6. Der Eingang erinnert an 11, 1. Die Verfluchung
des Feigenbaums übergeht Lc, aber die daran gehängte Mahnung,
Glauben zu haben (Mc. 11, 22s.), bringt er schon hier, in einer
eigentümlich abgeänderten Form, indem er anstatt des Berges, der
ins Meer stürzen soll, die συκάμινος setzt, in der man mit Recht

einen Nachhall der ausgelassenen συκῆ erblickt, die eigentlich in
diese Perikope hineingehört. Weshalb 17, 5. 6 auf 17, 1—4 folgt,
ist schwer zu sagen. Es ist hier und da vom Stürzen in das Meer
die Rede.

17, 7—10. Der Grund, weshalb dies Stück hier angereiht
wird, läßt sich nicht erkennen. So scharf wie möglich wird das
religiöse Verhältnis unter den Begriff einer Knechtschaft gestellt,
die jedes Recht und jeden Anspruch auf Lohn ausschließt, aber
nicht die Verantwortung. ᾽Αχρεῖοι (17, 10) fehlt in der Syra S.
und verdirbt den Sinn, wie Blaß in der Vorrede zur ersten Auf-
lage seiner Grammatik (1895) richtig bemerkt hat. Der Nachdruck
liegt auf dem Genus δοῦλος, dann dürfen nicht verschiedene Spezies
oder Qualitäten an den δοῦλοι unterschieden werden. Es muß
heißen: wir sind weiter nichts als Sklaven. Die Feinheit darf
man der Syra S. nicht zutrauen, daß sie das Attribut als unpassend
empfunden und darum ausgelassen habe. Der Fragesatz mit τίς
(16, 7) ist hier im Griechischen ungelenk, wie auch in anderen Fällen.

Lc. 17, 11–19.

Und auf der Reise nach Jerusalem, wobei er durch
Samarien und Galiläa zog, ¹²begegneten ihm, als er in ein
Dorf kam, zehn aussätzige Männer, die blieben in der Ferne
stehn ¹³und riefen mit erhobener Stimme: Jesu, Meister, erbarm dich unser. ¹⁴Und da er sie sah, sagte er zu ihnen:
geht und zeigt euch den Priestern. Und indem sie hingingen,
wurden sie rein. ¹⁵Einer von ihnen aber, als er sah, daß er
geheilt war, kehrte zurück und pries Gott mit lauter Stimme
¹⁶und warf sich auf das Angesicht ihm zu Füßen, um ihm
zu danken; das war ein Samariter. ¹⁷Und Jesus hub an und
sprach: sind nicht alle zehn rein geworden? wo sind die neun?
¹⁸hat sich keiner gefunden, der umkehrte und Gott Ehre gäbe,
als dieser Fremdbürtige? ¹⁹Und er sagte zu ihm: steh auf
und geh, dein Glaube hat dir geholfen.

Die Situation, die man leicht vergißt, wird wieder einmal (9,
51. 13, 22) in Erinnerung gebracht, vielleicht um zu erklären, daß
unter den Aussätzigen auch ein Samariter war. Sonst wehrt Jesus
den Dank eher ab, hier muß er es anders machen, damit der
Samariter sich auszeichne. Soll sich dieser übrigens gemeinsam mit

den andern neun einem jüdischen Priester vorstellen? und ging
das so geschwind, daß Jesus hinterher noch an Ort und Stelle zu
treffen ist? es war doch ein Opfer mit der Vorstellung verbunden
und dies konnte nicht außerhalb des Tempels dargebracht werden.
Man darf solche realistische Fragen an unsere Geschichte nicht
stellen. Zu 17, 11 vgl. 5, 1; der Satz mit καὶ αὐτός muß nicht
als Zustandssatz, kann auch als Hauptsatz gefaßt werden. In 17,
16 gräzisirt D ἦν δέ für καὶ αὐτὸς ἦν.

Lc. 17, 20—37.

Von den Pharisäern aber befragt, wann das Reich Gottes
komme, antwortete er: Das Reich Gottes kommt nicht damit,
daß man darauf wartet. [21]Man kann auch nicht sagen: hier
ist es oder dort, denn das Reich Gottes ist innerhalb von euch.
[22]Zu seinen Jüngern aber sprach er: Es wird eine Zeit
kommen, da wird euch verlangen, auch nur einen Tag von
der Zeit des Menschensohns zu erleben, aber vergeblich. [23]Und
sagt man euch: dort ist er, hier ist er, so geht nicht hin und
lauft nicht hinterdrein. [24]Denn wie der Blitz im Aufzucken
von einem Ende bis zum andern unter dem Himmel hin
leuchtet, so wird es mit dem Menschensohn sein [an seinem
Tage]. [25]Zuvor jedoch muß er viel leiden und verworfen
werden von dem gegenwärtigen Geschlecht. [26]Und wie es war
in den Tagen Noe, so wird es auch sein in den Tagen des
Menschensohnes: sie aßen, tranken, freiten, ließen sich freien,
[27]bis zu dem Tage, daß Noe in die Arche ging und die Sünd-
flut kam und alle vernichtete. [28]Oder auch wie in den Tagen
Lots: rie aßen, tranken, kauften, verkauften, pflanzten, bauten;
[29]an dem Tage aber, wo Lot aus Sodom auswanderte, regnete
es Feuer und Schwefel vom Himmel und vernichtete alle.
[30]Ebenso wird es sein an dem Tage des Menschensohns, wenn
er offenbart wird. [31]Wer jenes Tages auf dem Dache ist und
sein Gerät im Hause liegen hat, steige nicht herab es zu holen,
und wer auf dem Felde ist, kehre ebenfalls nicht heim:
[32]denkt an Lots Weib. [33]Wer seine Seele zu retten sucht,
wird sie verlieren, und wer sie verliert, wird sie retten. [34]Ich
sage euch, in dieser Nacht liegen zwei in einem Bett, der
eine wird mitgenommen und der andere liegen gelassen. [35]Zwei

Weiber mahlen zusammen an einer Mühle, die eine wird mitgenommen und die andere liegen gelassen. ³⁷Und sie antworteten und sprachen: wo, Herr? Er sagte: wo das Aas ist,
da sammeln sich die Geier.

Die Parusie dient hier nicht, wie in 12, 32ss. und 13, 22ss.,
zur Mahnung oder zur Tröstung, sondern ihr Wann und Wo wird
erörtert. Es liegt also ein Gegenstück zu Mc. 13 vor, das bei Lc
getrennt erhalten, bei Mt (24, 3ss.) in Mc. 13 verarbeitet ist. In
Mc. 13 nun wird die Frage nach dem Wann, oder nach den
Zeichen der Zeit, so gut es geht beantwortet und nur die Frage
nach dem Wo zurückgewiesen, die jedoch nur in 13, 21. 22 beiläufig zur Sprache kommt. In Lc. 17 dagegen werden beide
Fragen von vornherein verbunden und gleichmäßig zurückgewiesen.
Das Thema ist in 17, 20. 21 und in 17, 22—37 das selbe; die Verschiedenheit der Adresse wird natürlich ihren Grund haben, aber
doch erst von einem Redaktor stammen.

17, 20. 21. Παρατήρησις ist das beobachtende Warten auf die
Zeichen der Parusie oder auch auf ihren durch Rechnung gefundenen
Termin. Der negative Teil von 17, 21 bekommt durch den positiven Anhang einen anderen Sinn, als in Mc. 13, 21. Zeit und
Ort sind nicht bloß den Menschen unbekannt, sondern das Reich
Gottes ist überhaupt nichts, was in einem bestimmten Augenblick
an einem bestimmten Orte zur Erscheinung kommt; „es ist in-
wendig von euch". Es ist also etwas ganz anderes als das zukünftige Reich der Juden, das nach einer großen Katastrophe
irgendwo anfangen und zuletzt in Jerusalem etablirt werden soll.
Es ist aber auch nicht die christliche Gemeinde, die bei Mt gewöhnlich darunter verstanden wird. Ὑμῶν spricht zwar nicht dagegen, denn das beschränkt sich nach der ursprünglichen Absicht
sicherlich nicht auf die Pharisäer. Wol aber der Umstand, daß
die christliche Gemeinde doch auch eine äußerliche Organisation,
ist. Das ἐντός bedeutet mehr als ἐν μέσῳ. Vielmehr ist das Reich
Gottes hier, ähnlich wie im Gleichnis vom Sauerteig, als ein Prinzip
gedacht, das unsichtbar in den Herzen der Einzelnen wirkt. Dann
ist die Frage „wann kommt es und wo erscheint es, welches sind
die Zeichen der Zeit und des Orts, die man παρατηρεῖν muß"?
überhaupt unmöglich. Freilich wird sie in der folgenden Rede an
die Jünger doch als möglich betrachtet, indem dort die überlieferte
Vorstellung vom Reiche Gottes als einer plötzlich eintretenden

Katastrophe nicht von grund aus beseitigt, sondern wesentlich festgehalten wird. Vielleicht hat eben diese innere Differenz zu der
Differenzirung der Adressen (17, 20. 17, 22) geführt, so auffallend
es auch scheint, daß der tiefere und radikalere Bescheid gerade den
Pharisäern erteilt wird. Allerdings muß aber die Rede in 17,
22 ss. auch deshalb an die Jünger gerichtet sein, weil es sich dort
um die christliche Erwartung der Parusie des Menschensohnes
handelt.

17, 22 setzt ein längeres vergebliches Harren der Jünger voraus, wodurch ihre Ansprüche herabgestimmt sind. Sie wollen gar
nicht die Periode des messianischen Reiches dauernd genießen,
sondern es nur einen Moment erleben und dann gern sterben, in
dem Bewußtsein, daß ihr Glaube sie doch nicht betrogen hat, wenn
sie auch von der Verwirklichung selber weiter nichts haben.

17, 23—25 (Mc. 13, 21 ss. Mt. 24, 26 s.). Der jüdische Messias
ist trotz Dan. 7 gewöhnlich ein irdischer Mensch, der sich irgendwo
im heiligen Lande erhebt. Der christliche Messias aber ist himm-
lisch, und sein Erscheinen vom Himmel macht sich sofort überall
und unzweideutig bemerklich, ohne daß man suchen muß und
zweifeln kann. Die Christen halten sich deshalb durchaus an
Dan. 7, an den Menschensohn, dessen Charakteristicum ist, daß er
vom Himmel kommt. Aus diesem Grunde muß Jesus auch
zunächst sterben, um den irdischen Messias abzutun und der
himmlische zu werden; der bei Mt fehlende Vers 25 paßt sehr gut
in den Zusammenhang. Vgl. zu Mc. 13, 21. 22. 26; bei Lc sind
aber die jüdischen Eierschalen schon abgestreift.

17, 26—32 (Mt. 24, 37—39. Mc. 13, 15 s.). Lot als Parallele
zu Noe fehlt bei Mt; er scheint nachgetragen zu sein wegen 17, 32.
Dort wird das Säumen von Lots Weib zum warnenden Beispiel
gemacht, Lot selber und Noe erscheinen also umgekehrt als Vor-
bilder der Christen, die der messianische Rest sind und rechtzeitig auf ihre Rettung aus der massa perditionis bedacht sein
sollen, ohne sich durch irdische Sorgen abhalten zu lassen (17, 30. 31).
Die Aufforderung in 17, 30. 31 ergeht bei Lc an die Christen, bei
Mc an die Juden.

17, 33 (9, 24. Mc. 8, 35) scheint hier deplacirt. Wenn der
Aufforderung zur ungesäumten Flucht, die vorhergeht, wörtlich zu
nehmen wäre, so müßte der Sinn sein: verliert euer Leben nicht
durch lange Vorbereitungen zum Unterhalt des Lebens auf der

Flucht. Dieser Sinn ist aber kaum möglich; wahrscheinlich soll
nach Lc vorher gar nicht von eigentlicher Flucht die Rede sein,
wie auch der Name nicht gebraucht wird, sondern von geistlicher
Weltflucht, welche eventuell die Dahingabe des irdischen Lebens ein-
schließt. Περιποιεῖσθαι ist s. v. a. σώζειν und dieses das griechische
Äquivalent von achi, welches zum Schluß wörtlich mit ζωογονεῖν
wiedergegeben wird. In D steht beidemal ζωογονεῖν, ebenso in
der Syra S. beidemal achi.

17, 34. 35 folgt bei Mt (24, 40. 41) unmittelbar auf 17, 29.
Das erste Beispiel ist bei Mt anders und weniger gut.

17, 37. Die Jünger müssen zum Schluß noch einmal ausdrücklich die eigentlich schon erledigte Frage nach dem Wo der
Parusie stellen, bloß zu dem Zweck, damit der Spruch von dem
Aase und den Geiern nachgetragen werden kann, der bei Mt (24, 28)
mit der Ankündigung des Auftretens der falschen Propheten vor
der Parusie verbunden ist, bei Lc aber für sich allein steht. Der
Sinn, den Lc dem Sprichwort gibt, wird durch die Einleitung bestimmt: der Ort der Parusie wird sich schon bemerklich machen,
wie die Geier das Aas verraten. Damit wird die Frage nach dem
Ort zwar auch abgewiesen, aber in ganz anderer Weise, als es in
17, 23. 24 geschieht.

Lc. 18, 1–8.

Er sagte ihnen aber ein Gleichnis in der Absicht, daß
man immerdar beten und nicht nachlassen solle. ²Es war ein
Richter in der Stadt, der Gott nicht fürchtete und sich vor
keinem Menschen scheute. ³Und eine Witwe in jener Stadt,
die kam zu ihm und sagte: schaff mir Rache gegen meinen
Widersacher! ⁴Und eine Zeit lang wollte er nicht, dann aber
sagte er sich: wenn ich auch Gott nicht fürchte und mich vor
keinem Menschen scheue, ⁵so will ich doch dieser Witwe
Rache schaffen, weil sie mich nicht in Ruhe läßt, sonst kommt
sie am Ende noch und zerbläut mir das Gesicht. ⁶Und der
Herr sprach: Hört, was der ungerechte Richter sagt! ⁷und Gott
sollte seinen Auserwählten nicht Rache schaffen, wenn sie Tag
und Nacht zu ihm Zeter schreien, sondern dabei weiter Langmut üben? Ich sage euch, er wird ihnen in Kürze Rache
schaffen.

[8]Aber wird auch der Menschensohn, wenn er kommt, den
Glauben vorfinden auf Erden?

Diese Perikope wird durch ihren Inhalt mit der vorhergehenden
verbunden. Das Gebet, in dem man beständig anhalten soll, hat
nämlich keinen beliebigen Inhalt, wie die Einleitung annimmt,
sondern den bestimmten und gleichbleibenden Inhalt: dein Reich
komme. Oder vielmehr, wie es hier gefaßt wird: dein Gericht
komme. Die Parusie wird von den Auserwählten herbeigewünscht
als Tag der Rache, die der Richter für sie nehmen wird. Die
Feinde, gegen welche die Rache ·sich richtet, werden die Juden sein.
Indem die Christen Rache an ihnen heischen, stecken sie freilich
selber noch im Judentum. Auch daß der Richter bei der Parusie
nicht der Messias ist, sondern Gott, ist ursprünglich jüdisch und
darum als christlich sehr alt.

Jülicher meint, die eschatologische Deutung (18, 6—8) sei erst
nachträglich zu dem vorhergehenden Beispiel hinzugefügt. Wenn
aber nur zum Gebet im allgemeinen, nicht zu der Bitte um Recht-
schaffung und Rache aufgefordert werden sollte, so wäre doch das
Beispiel vom Richter und der Witwe, die ihn drängt einzuschreiten,
dafür sehr sonderbar gewählt. Die Fabel läßt sich ohne das folgende Epimythion gar nicht begreifen. Es ist allerdings möglich,
daß sie erst nachträglich darnach umgeformt wurde und demselben
ursprünglich nicht so völlig kongruent war; und zu dieser Möglichkeit müßte man greifen, wenn die Variante in Lc. 11, 5ss. älter
wäre. Aber diese ist wahrscheinlich nicht älter, sondern sekundär.
Die Aufforderung zum beständigen Bitten um Rache schien unchristlich und wurde umgewandelt in eine Aufforderung zu be-
ständigem Gebet im allgemeinen (18,1); ähnlich wie auch die Bitte
um das Kommen des Reichs in die Bitte um die Gabe des heiligen
Geistes (s. zu Lc. 11, 13). Die Bemerkung Jülichers, daß die
Formel εἶπεν ὁ κύριος (18, 6) sonst bei Lc nur verwendet werde,
wenn Jesus im Gespräch nach einem andern das Wort nehme, ist
irrelevant und trifft nicht zu. Sie leitet auch in 16, 8 das Epimythion
der Fabel ein, und ebenso wie in 18, 8 λέγω ὑμῖν, folgt auch in 16, 9
καὶ ἐγὼ λέγω ὑμῖν. — Über den Sinn von καὶ μακροθυμεῖ (18, 7) kann
nach dem A. T. (z. B. Nahum 1, 3) kein Zweifel sein: sollte er trotz
den jammernden Auserwählten seine Langmut mit den Feinden
noch bewahren und seinen Zorn gegen sie immerfort zurückhalten!
Schwierig ist nur das Präsens als Fortsetzung des vorhergehenden

Conjunctivs; es ist schlechtes Griechisch, vielleicht schlechte Übersetzung, oder beides zusammen.

18, 8 (von πλήν an) ist Nachtrag. Der Richter ist hier nicht mehr Gott selber, sondern der Menschensohn. Es hat keine Not, er wird schon kommen. Aber wenn er kommt, wird er die, denen er Rache und Hilfe bringt, dann auch in richtiger Verfassung vorfinden? Werden die Christen selber im stande sein, den Tag seiner Ankunft zu ertragen? sie sollten sonst nicht so eifrig sein, ihn gegen ihre Gegner herbeizurufen. Offenbar wird hier ein Dämpfer aufgesetzt, ähnlich wie in Mal. 3, 2. Die πίστις bedeutet das richtige Christentum (so wie οἱ πιστεύοντες öfters die Christen); es handelt sich nicht darum, ob der Menschensohn bei seinem Erscheinen Glauben dafür finden würde, daß er es wirklich sei.

Lc. 18, 9–14.

Er sagte aber auch in Absicht auf gewisse Leute, die sich selbst zutrauen, sie seien fromm und die übrigen verachten: [10]Zwei Menschen gingen hinauf in den Tempel zu beten, der eine ein Pharisäer und der andere ein Zöllner. [11]Der Pharisäer stand für sich besonders und betete: Gott, ich danke dir, daß ich nicht so bin wie die anderen Menschen, Räuber, Übeltäter, Ehebrecher, oder auch wie dieser Zöllner; [12]ich faste zweimal in der Woche und gebe den Zehnten von allem, was ich habe. [13]Der Zöllner aber stand von ferne und mochte nicht einmal die Augen zum Himmel erheben, sondern schlug an seine Brust und sprach: Gott, sei mir Sünder gnädig! [14]Ich sage euch, dieser ging weg und hatte Recht bekommen im Vergleich zu jenem. Denn wer sich erhebt, wird erniedrigt, und wer sich erniedrigt, wird erhoben.

18, 9ss. folgt auf 18, 8, weil auch dort vom Gebet gehandelt und angedeutet wird, daß man dabei an seine eigene Sünden denken muß und nicht bloß an die Strafe der anderen. Die Juden beten gern an heiliger Stätte auch ohne zu opfern (Sir. 51, 14); natürlich nur die Jerusalemer. Unsere Erzählung ist jerusalemisch; es werden darin zwei Typen gegenübergestellt, wie in 16, 19 ss. — Die Charakteristik in 18, 9, wie die in 20, 20, geht auf die Pharisäer. In 18, 10 wird die Lesart von D εἷς . . . καὶ εἷς die echte sein.

18, 11—13. Ich habe in 18, 11 nach D und Syra S. übersetzt. Der Zöllner steht im Hintergrund, der Pharisäer in einsamer Größe vor der Front. Jener senkt den Blick, man wird
versucht, sich im Gegensatz dazu den Augenaufschlag des anderen
vorzustellen. Aber das Erheben der Augen ist allgemeine Sitte
beim Gebet (Mc. 6, 41); der Zöllner nimmt die Haltung des todes-
würdigen Supplikanten an. Das zweimalige Fasten haben hernach
auch die Christen übernommen und anfangs an den selben Tagen
gefeiert, wie die Juden, später aber verlegt (Didache 8, 1).

18, 14. Δεδικαιωμένος ist relativ und antwortet auf die
Frage: wer hat recht von beiden, wer hat auf die richtige Weise
gebetet? Der Agon des Gebets entscheidet nach Gottes Urteil
gegen den Musterknaben und für den Auswurf der jüdischen Gesellschaft. Davon ist keine Rede, daß der eine absolvirt und der
andere nicht absolvirt wird. Neben παρ' ἐκεῖνον scheint eine
vielleicht ursprünglichere Lesart μᾶλλον ἢ γὰρ (= ἤ) ἐκεῖνος zu stehn,
die das selbe bedeutet.

V. Lc. 18, 15—24, 53.

§ 50–54. Lc. 18, 15–43.

Sie brachten ihm aber auch die kleinen Kinder, daß er
sie berührte; und die Jünger schalten sie, als sie es sahen.
[16]Jesus aber rief sie heran und sprach: Laßt die Kinder zu
mir kommen und wehrt ihnen nicht; denn solcher ist das
Reich Gottes. [17]Amen, ich sage euch, wer das Reich Gottes
nicht annimmt wie ein Kind, kommt nicht hinein.

[18]Und ein Vorsteher fragte ihn: guter Meister, was muß
ich tun, um das ewige Leben zu erben? [19]Er sprach zu ihm:
Was heißest du mich gut? niemand ist gut, als nur Gott allein.
[20]Die Gebote kennst du: du sollst die Ehe nicht brechen, nicht
morden, stehlen, keine falsche Anklage erheben, Vater und
Mutter ehren. [21]Er sagte: alles das habe ich von Jugend auf
gehalten. [22]Als Jesus das hörte, sagte er ihm: eins fehlt dir
noch, verkauf alles was du hast und folg mir! [23]Über dies
Wort ward er sehr bekümmert, denn er war schwer reich.
[24]Wie aber Jesus ihn so sah, sprach er: Wie schwer wird es
den Begüterten, in das Reich Gottes einzugehn. [25]Leichter

geht ein Kamel durch ein Nadelöhr, als ein Reicher in das Reich Gottes [kommt]. ²⁶Da sagten die Zuhörer: wer kann dann gerettet werden? ²⁷Er sprach: was bei den Menschen unmöglich ist, ist möglich bei Gott. ²⁸Petrus aber sagte: wir, wir haben unser Eigentum fahren lassen und sind dir gefolgt. ²⁹Er sprach zu ihnen: Amen, ich sage euch, es ist keiner, der Haus oder Weib oder Geschwister oder Eltern hat fahren lassen um des Reiches Gottes willen, ³⁰der nicht vielmal mehr empfange in dieser Zeit, und in der künftigen Welt das ewige Leben.

³¹Er nahm aber die Zwölfe zu sich und sprach zu ihnen: Siehe wir gehn hinauf nach Jerusalem, und es wird alles vollendet, was durch die Propheten geschrieben und dem Menschensohn bestimmt ist. ³²Denn er wird den Heiden übergeben und verspottet und mishandelt und angespien, ³³und sie werden ihn geißeln und töten, und am dritten Tage wird er auferstehn. ³⁴Und sie begriffen nichts davon, das Wort war ihnen dunkel und sie verstanden die Rede nicht.

³⁵Als er aber in die Nähe von Jericho kam, saß da ein Blinder am Wege und bettelte; ³⁶wie der eine Menge Volks vorübergehn hörte, fragte er, was das wäre. ³⁷Und da er hörte, Jesus der Nazoräer gehe vorüber, ³⁸rief er: Jesus, Sohn Davids, erbarm dich mein! ³⁹Und die voran waren, schalten ihn, daß er schwiege. Er aber schrie noch viel lauter: Sohn Davids, erbarm dich mein! ⁴⁰Und Jesus blieb stehn und hieß ihn herbringen. ⁴¹Wie er nun herangekommen war, fragte er ihn: was willst du soll ich dir tun? Er sagte: Herr, daß ich sehend werde. ⁴²Und Jesus sprach zu ihm: sei sehend, dein Glaube hat dich gerettet. ⁴³Und alsbald wurde er sehend und folgte ihm, Gott preisend. ⁴⁴Und alles Volk gab darob Gott die Ehre.

Lc fährt einfach mit seinem aber auch fort und macht hier keinen Abschnitt, nur die moderne Kritik tut es, weil hier der mit § 48 (Lc. 9, 46—50) fallen gelassene Faden des Mc wieder aufgenommen wird. Und zwar mit § 50; der § 49 (Mc. 10, 1 bis 12) ist darum übergangen, weil dessen Quintessenz aus einer anderen Quelle schon vorher (16, 18) wiedergegeben ist.

18, 15—17 wie Mc. 10, 13—16. Die Kinder sind βρέφη, Jesus herzt sie nicht (auch nicht in 9, 47), und er ist nicht unwillig gegen seine Jünger — vgl. zu Mt. 19, 13—15.

18, 18—30 wie Mc. 10, 17—31. Den eigentümlichen Eingang, den Mt ändert, behält Lc bei. Der Fragesteller ist nach ihm kein νεανίσκος, wie bei Mt (19, 20), der darum ἐκ νεότητος nicht brauchen kann, sondern nach der gangbaren Lesart ein ἄρχων. Die beiden Aussprüche Jesu über die Schwierigkeit, ins Reich Gottes zu kommen, zieht er noch mehr zusammen als Mt und läßt sie nicht an die Jünger gerichtet sein. Die Reaktion dagegen (18, 26) erfolgt von den Hörern im allgemeinen, den Jüngern steht sie nicht an. Sie kommen erst in 18, 28 an die Reihe, sie (αὐτοῖς 18, 29) erhalten die Antwort auf die verdeckte Frage ihres Wortführers Petrus, wie bei Mc. Die Antwort (Mc. 10, 29. 30) wird von Lc durch Auslassung der wiederholten Objektsreihe ähnlich vereinfacht wie von Mt. Er führt die Äcker nicht mit auf, dagegen das Weib: freilich tauschen γυναῖκα und γονεῖς ihren Platz in der Überlieferung. Für vielmal hat die Syra S. hundertfach wie Mc, D dagegen siebzigfach. — Der Plural οὐρανοῖς (18, 22) fällt sehr auf, die Lesung steht nicht fest.

18, 31—34 stellt sich zu 9, 22 und 9, 44, ist aber durch die große Einschaltung des Lc von diesen Vorstufen weit getrennt. Die befremdliche Einleitung des Mc (10, 32) fehlt bei Lc wie bei Mt, dagegen wird die erfüllte Weissagung der Propheten hinzugefügt. Sie findet sich bei Mc niemals, abgesehen von 14, 29, aber auch da nicht in dieser allgemeinen, sondern in einer ganz beschränkten Form.

Den § 53 (Mc. 10, 35—45) kennt Lc zwar (12, 50), übergeht ihn aber bis auf den Schluß (10, 41—45), den er in anderer Form und wol aus anderer Quelle in 22, 24—26 nachbringt. Erregte ihm die unbescheidene Bitte der Zebedaiden Anstoß oder das ihnen beiden geweissagte Martyrium? In der Apostelgeschichte erwähnt Lc nur das des Jakobus. Die Annahme, daß Johannes dort einer Zensur zum Opfer gefallen sei, scheint mir schwieriger, als die, daß er in der Tat später als Jakobus hingerichtet wurde, wenngleich immer längere Zeit vor der Abfassung des Ev. Marci und als der früheste (noch in Judäa getötete) Märtyrer unter den Zwölfen nächst seinem Bruder. Vgl. E. Schwartz, über den Tod der Söhne Zebedaei, in den Abhh. der Göttinger Societät VII 5 (1904).

18, 35—43 (Mc. 10, 46—52). Jesus kommt auch bei Lc über Jericho, obwol nur der Weg durch Peräa, nicht aber der durch

Samarien über diese bei der Jordanfurt gelegene Stadt führt. Die
mir bekannten Ausleger nehmen daran so wenig Anstoß, wie an
der unmöglichen Route in Mc. 7, 31, weil sie keine Anschauung
von der Geographie Palästinas haben. Lc nennt den Namen des
Blinden nicht (vielleicht weil er aramäisch lautet), verwandelt das
Fremdwort ραββουνι in κύριε, und übergeht den malerischen Zug,
daß der Blinde seinen Mantel abwarf und auf Jesus zusprang. In
18, 43 hängt er seinen gewöhnlichen Schluß an.

Lc. 19, 1–10.

Und er kam nach Jericho hinein und zog hindurch. ²Da
war ein Mann namens Zacchäus, ein Oberzöllner und reich,
³der wollte gern sehen, wer Jesus wäre, und konnte nicht
vor dem Volk, denn er war klein von Wuchs. ⁴Und er lief
voraus und stieg auf eine Maulbeerfeige, um ihn zu sehen,
denn da mußte er vorbei. ⁵Und wie Jesus vorüberging, sah
er auf und sprach zu ihm: Zacchäus, steig geschwind herab,
denn heute muß ich in deinem Hause Herberge nehmen.
⁶Und er stieg geschwind herab und nahm ihn mit Freuden
auf. ⁷Und darauf murrten alle, daß er bei einem Sünder ein-
kehre zu herbergen. ⁸Zacchäus aber trat auf und sagte zu dem
Herrn: siehe, die Hälfte meiner Habe, Herr, geb ich den
Armen, und wenn ich von einem etwas erpreßt habe, so zahl
ich es vierfach zurück. ⁹Jesus aber sprach: Heute ist diesem
Hause Rettung zu teil geworden, ist er doch auch ein Sohn
Abrahams. ¹⁰Denn der Menschensohn ist gekommen, das verlorene (Schaf) zu suchen und zu retten.

19, 1 widerspricht dem Folgenden. Jesus befindet sich noch
draußen vor der Stadt, nicht innerhalb derselben — sonst wäre
Zacchäus aufs Dach gestiegen und nicht auf einen Baum. Ge-
schweige, daß er sie schon im Rücken hätte — er will ja erst in
einem Hause der Stadt für die Nacht einkehren.

19, 2. D korrigirt das καὶ αὐτός, welches hier gleich zweimal
hinter einander auftritt. Der Name Zacchäus ist aus Zacharias ab-
gekürzt.

19, 4. Hier heißt es Sykomore, dagegen in 17, 6 Sykamine.
Beides wird auf das semitische schiqma zurückgehn.

19, 5. Jesus wird durch das Interesse, welches der unbekannte Mann für ihn bekundet, veranlaßt, bei ihm Quartier zu nehmen. Ein Beispiel, wie die christlichen Missionare in einer fremden Stadt anklopften.

19, 7. Es geht bei diesem Zöllner gerade wie bei dem anderen, der ebenso plötzlich Jünger Jesu wird. Zacchäus ist der Doppelgänger des Levi, wenn letzterer auch nicht auf den Baum klettert.

19, 8. Der neue Jünger opfert doch nicht sein ganzes, sondern nur sein halbes Vermögen; eben deshalb vielleicht wird nicht gesagt, daß er Nachfolge leistete. Vierfacher Ersatz wird im Gesetz (Exod. 21, 37) für Schafdiebstahl gefordert.

19, 9. 10. Jesus hält den Murrenden entgegen, Zacchäus sei ja doch auch ein Jude; unter das Dach eines Heiden würde er also nicht getreten sein. In diesem Ausspruch hat man kurioser Weise nicht etwa Judaismus, sondern Paulinismus gewittert. Noch im Jahre 1902 hat O. Pfleiderer, Urchristentum 1, 455, drucken lassen: „Dem blinden Bettler Bartimäus, dem Sohn des Unreinen, stellt Lc als Pendant zur Seite den Oberzöllner Zachäus, d. h. Rein, als Vertreter der von den Juden verachteten und den Heiden gleichgestellten Klasse von Menschen, die um ihres bußfertigen Glaubens an Jesum willen von ihrer Schuld gereinigt und der Einkehr Jesu gewürdigt, eben damit unter die Glaubenssöhne Abrahams und in das wahre Israel Gottes aufgenommen werden; das Wort Jesu zu Zachäus: heute ist diesem Hause Heil widerfahren, gemäß dem daß er auch ein Sohn Abrahams ist — erinnert an die paulinische Ausführung von den geistlichen Söhnen Abrahams Gal. 3, 9. 29. Rom. 4, 11ss." Die Annahme, daß in Lc. 19,9 an geistliche Sohnschaft Abrahams gedacht sei, hängt ursprünglich ab von der Voraussetzung, die Zöllner in Judäa seien keine Juden gewesen. Wenn Zacchäus ein Heide war, so konnte er ein Sohn Abrahams in der Tat nur nach dem Geist genannt werden. Inzwischen ist die Grundlosigkeit jener Voraussetzung nachgewiesen und auch von Pfleiderer anerkannt. Aber nachdem die Prämisse abgetan ist, spukt die Konsequenz noch weiter, wenngleich nur als Gespenst in scheuer Weise. — Προς αὐτόν (19, 9) bedeutet nicht „in Beziehung auf ihn", ist vielmehr ein falscher Zusatz — dergleichen wurde beliebig eingestreut. Für τῷ οἴκῳ liest D und Syra S. ἐν τ. ο., etwa weil das Heil ja nicht dem ganzen Hause, sondern nur dem einen Insassen widerfahren ist?

Wenn der einfache Dativ richtig ist, so wird dem einzelnen Mann plötzlich seine Familie substituirt, so daß man annehmen muß, daß sie sich mit ihrem Haupte bekehrt habe. Daraus erklärt sich eventuell, daß Zacchäus nur sein halbes Vermögen opfert und seine Familie nicht verläßt, um Jesu nachzufolgen.

Lc. 19, 11–27. Mt. 25, 14–30.

Während sie dem zuhörten, fuhr er fort und sagte ein Gleichnis — da er nahe bei Jerusalem war und man meinte, nun müsse sogleich das Reich Gottes in Erscheinung treten. [12]Er sprach also: Ein Mann von hohem Geschlecht reiste in ein fernes Land, um Königswürde zu empfangen und dann zurückzukehren. [13]Und er berief zehn seiner Knechte und gab ihnen zehn Pfund und sagte zu ihnen: werbt damit in der Zeit bis ich heimkehre. [14]Seine Landsleute aber haßten ihn und schickten eine Gesandtschaft hinter ihm her und ließen sagen: wir wollen nicht, daß dieser über uns König werde. [15]Als er nun zurückkam und die Königswürde empfangen hatte, hieß er die Knechte rufen, denen er das Geld gegeben hatte, um zu erfahren, was sie erworben hätten. [16]Der eine trat an und sagte: Herr, dein Pfund hat zehn Pfund mehr gewonnen. [17]Und er sagte zu ihm: ei du wackerer Knecht, du bist über Wenigem treu gewesen; du sollst nun über zehn Städte Gewalt haben. [18]Ein anderer kam und sagte: dein Pfund, Herr, hat fünf Pfund getragen. [19]Auch zu diesem sagte er: so sollst auch du über fünf Städte gesetzt werden. [20]Und ein anderer kam und sagte: Herr, da hast du dein Pfund, das ich im Taschentuch verwahrt habe, [21]denn ich hatte Furcht vor dir, weil du ein strenger Mann bist, nimmst was du nicht eingelegt, und erntest, was du nicht gesäet hast. [22]Er sagte zu ihm: Du fällst dir selbst das Urteil, fauler Knecht! Wußtest du, daß ich ein strenger Mann bin, nehme was ich nicht eingelegt, und ernte was ich nicht gesät habe, [23]warum hast du denn nicht mein Geld in die Bank gegeben, so hätte ich es bei meiner Heimkunft mit Zinsen eingezogen! [24]Und er sagte zu den dabeistehenden (Dienern): Nehmt ihm das Pfund und gebt es dem, der zehn Pfund hat [[25]und sie sagten zu ihm: Herr, er hat ja schon zehn Pfund]; [26]denn

ich sage euch: wer da hat, dem wird gegeben, und wer nicht
hat, dem wird auch das was er hat genommen. ²⁷Doch meine
Feinde, die nicht wollten, daß ich König über sie würde,
bringt her und schlachtet sie ab vor meinen Augen.

Mit dem Hauptgleichnis von den Pfunden, welches dem des
Mt von den Talenten entspricht, hat Lc ein anderes verbunden.
Beide beziehen sich auf die Parusie Jesu; sie haben indes ver-
schiedene Adressen. Das Hauptgleichnis richtet sich an die Jünger.
Sie sollen sich während der Abwesenheit ihres Herrn werktätig
erproben und nicht die Hände in den Schoß legen. Denn die
Parusie steht nicht unmittelbar vor der Tür, es liegt eine längere
Zwischenzeit in der Mitte, wie in der Einleitung (19, 11) vor-
bemerkt wird. Das Nebengleichnis, das nur restweise, besonders
in 19, 14. 27, erhalten ist, richtet sich gegen die feindlichen Juden.
Jesus ist von der Welt geschieden, um sich im Himmel das
Königtum zu holen und dann als der Christus Gottes zurückzukehren auf die Erde oder vielmehr zum auserwählten Volk. Die
Juden wollen den zum Himmel Gefahrenen aber nicht zum Könige
haben, an ihnen wird er bei seiner Parusie Rache nehmen. Die
Parusie wird hier (19, 27) ähnlich wie in 18, 1—8 und 11, 49 ss.
aufgefaßt als Tag der Rache an den christusfeindlichen Juden.
Der Vorgang, der in diesem Nebengleichnis als Fabel dient, daß
ein (jüdischer) Prätendent von der (römischen) Oberherrschaft per-
sönlich seine Bestätigung nachsucht, dabei aber mit inneren Gegnern
zu tun hat, die gegen ihn protestiren, hat sich mehr als einmal
zugetragen; das Beispiel, das man gewöhnlich anzieht, ist das des
Archelaus (Jos. Ant. 17, 300), und dies liegt in der Tat am nächsten.
Wegen der Verbindung der beiden Gleichnisse hat sich Lc genötigt
gesehen, die Adresse nicht bloß auf die Jünger zu beschränken.
Übrigens ist nicht bloß in dem Nebengleichnis (B) die Hauptperson
ein König, sondern auch in dem Hauptgleichnis (A) bei Lc ein
Herr von Land und Leuten. Dies ist sehr wichtig, und dadurch
wurde auch die Zusammenschmelzung erleichtert.

19, 11. Wie bereits bemerkt, bezieht sich die Einleitung auf
A, nicht auf B. Sie stammt von Lc, aber die Angabe, daß das
große Gefolge Jesu glaubte, als er nach Jerusalem zog, er wolle
dort das Reich Gottes herstellen, ist schwerlich von ihm erfunden.

19, 12. 13 aus A, mit Ausnahme von λαβεῖν βασιλείαν καὶ
ὑποστρέψαι (19, 12). Es heißt nicht τοὺς δ. δ. (19, 13); der εὐγενής

hat mehr als zehn Knechte, er wählt nur zu einem bestimmten Zwecke zehn aus. Er gibt ihnen nicht all sein Hab und Gut, sondern nur etwas Weniges, keine Talente, sondern Minen, um sie daran zu erproben und ihnen dann mehr anzuvertrauen. Daß sie alle die selbe Summe bekommen, ist besser, als daß sie bei Mt eine verschiedene bekommen „je nach ihrer Fähigkeit" (Mt. 25, 15): denn ihre Fähigkeit will der Herr erst versuchen, er weiß sie nicht voraus.

19, 14 ist ganz und gar ein Einsatz aus B.

19, 15—26 aus A. Nur in λαβόντα τὴν βασιλείαν (19, 15) zeigt sich eine sichere Spur von B. Der ganz überflüssige Vorbericht Mt. 25, 16—18, dessen Inhalt sich hernach von selbst ergibt, fehlt bei Lc.

19, 16. Dein Pfund hat getragen ist feiner als ich habe gewonnen bei Mt (25, 20).

19, 17. Bei dem Lohn fällt Mt (25, 21) aus dem Gleichnis: „geh ein zu deines Herren Freude". Lc bleibt darin. Die Regierung ist finanzielle Ausbeutung, und wer aus einem Kapital das Zehnfache herauszuschlagen versteht, ist auch befähigt für die rationelle Bewirtschaftung einer Stadt oder eines Verwaltungsbezirkes, und hat zugleich seine Treue bewiesen, da er nicht in eigenem Interesse, sondern in dem seines Herrn gehandelt hat. Die Knechte sind als höhere Beamte zu denken, die zunächst auf die Probe gestellt werden sollen; vgl. zu Mt. 18, 23—35. Ein Einfluß von B hat hier durchaus nicht stattgefunden. — Genauer wäre zu übersetzen gewesen: bravo, daß du über Wenigem treu gewesen bist.

19, 18. Für ὁ δεύτερος muß nach D und anderen Zeugen ὁ ἕτερος gelesen werden, wegen 19, 19. Die Numerirung erklärt sich aus ὁ πρῶτος (19, 17) und aus Mt, wo der Knechte nur drei sind und alle drei an die Reihe kommen, während bei Lc bloß beispielsweise drei. Solche Varianten bei Aufzählungen kommen in den Hss. oft vor, z. B. 18, 10 (D).

19, 24. Die παρεστῶτες sind die Diener, die der Fürst zur Verfügung hat. Bei Mt (25, 28) weiß man nicht, an wen der Befehl ergeht, und der Inhalt desselben (25, 30) fällt aus dem Gleichnis.

19, 25. Eine deutliche Interpolation unterbricht hier die Rede des Herrn, die sich von 19, 24 auf 19, 26 fortsetzt.

19, 27 ist der Schluß von B, der sich ebenso sonderbar ab-
hebt, wie der gleichfalls aus B stammende Einsatz 19, 14.

§ 55–57 Lc. 19, 28–48.

Und nach diesen Worten zog er weiter, hinauf nach
Jerusalem. ²⁹Und als er in die Nähe von Bethphage und
Bethania an den sogenannten Ölberg kam, trug er zweien
seiner Jünger auf: ³⁰Geht in das Dorf vor euch, dort werdet
ihr beim Eingang einen jungen Esel [angebunden] finden; auf
dem noch kein Mensch gesessen ist, den bindet los und bringt
her. ³¹Und wenn euch jemand fragt [warum bindet ihr ihn
los], so sagt: der Herr bedarf seiner. ³²Und sie gingen [die
Abgesandten und fanden wie er ihnen gesagt hatte, ³³und als
sie den Esel losbinden wollten, sagten dessen Herren zu ihnen:
was bindet ihr den Esel los] ³⁴und sprachen: der Herr bedarf
seiner, ³⁵und brachten den Esel [zu Jesus], warfen ihre Kleider
darauf und ließen Jesus aufsitzen, ³⁶und wie er sich in Be-
wegung setzte, breiteten sie ihre Kleider auf die Straße.
³⁷Als er aber an den Abstieg des Ölbergs kam, begann die
ganze Jüngerschar voll Freude Gott mit lauter Stimme zu
preisen, ob alle dem was sie geschehen sahen, ³⁸und zu sagen:
Heil dem Könige, Friede im Himmel und Ehre in der Höhe!
³⁹Einige [Pharisäer] von der Menge aber sagten zu ihm:
Meister, schilt deine Jünger! ⁴⁰Er antwortete: ich sage euch,
wenn diese schwiegen, so schrien die Steine.

⁴¹Und als er nahe herankam und die Stadt sah, weinte
er über sie und sprach: ⁴²Ach wenn doch auch du an diesem
Tage erkenntest, was zum Frieden führt; nun aber ist es vor
deinen Augen verborgen. ⁴³Denn es werden Tage kommen,
da werden deine Feinde Wall und Graben gegen dich auf-
werfen und dich einschließen und von allen Seiten bedrängen,
⁴⁴und sie werden dich dem Boden gleichmachen . . . . . und
keinen Stein auf dem anderen lassen an dir, dafür, daß du
die Zeit nicht erkannt hast, da Gott sich nach dir umsah.

⁴⁵Und er ging in den Tempel und begann die Händler
auszutreiben ⁴⁶mit den Worten: es steht geschrieben: mein
Haus ist ein Bethaus; ihr aber habt es zu einer Räuberhöhle
gemacht. ⁴⁷Und er lehrte täglich im Tempel. Die Hohen-

priester aber und die Schriftgelehrten trachteten ihn zu ver-
derben [und die Häupter des Volks] [48] und wußten nicht,
was tun; denn alles Volk war gespannt, ihn zu hören.

19, 28—38. Das in der Übersetzung Eingeklammerte fehlt in
D. Was insonderheit die Verse 32. 33 betrifft, so läßt sich ein
Motiv, sie einzusetzen, leicht denken, nicht aber ein Motiv, sie
auszulassen. Lc vermeidet es auch in anderen Fällen, Befehl und
Ausführung mit den gleichen Worten zu wiederholen; lieber wird
er undeutlich. Die Szene ist nicht Jerusalem, sondern der Ölberg
und besonders der Abstieg vom Ölberg, wie bei Mc. Die Ovation
wird vom πλῆθος der Jünger (6, 16) dargebracht, nicht von dem
Volk; aber der Unterschied zwischen dem Volk, das in großer
Zahl Jesu folgte, und dem Schweif der Jünger bedeutet nicht viel,
und in 19, 39 tritt das Volk ein. Den Heilsruf habe ich in
Konsequenz der Lesungen von Syra S. und D zu gestalten mir
erlaubt, ähnlich wie Blaß. Das Reich Davids (Mc. 11, 10) kommt
nach Lc nicht (vgl. 19, 11); das Osanna läßt er aus, weil er un-
griechische Wörter vermeidet. „Ehre in der Höhe" bedeutet nach
2, 14: Ehre sei Gott i. d. H. Schwieriger ist ἐν οὐράνῳ εἰρήνη.
In 2, 14 heißt es dafür: und auf Erden ruhe Frieden auf (ἐν) den
Menschen. Kann auch dem Himmel nicht bloß δόξα, sondern auch
εἰρήνη gewünscht werden? Oder, da εἰρήνη den Gruß bedeutet,
kann man Gott grüßen? Daß Lc. 19, 39 das Muster für 2, 14
ist, unterliegt keinem Zweifel, obgleich Weiß das Verhältnis um-
kehrt.

19, 39. 40. Das unmögliche τῶν φαρισαίων (19, 39) fehlt in
der Syra S. Der Ausspruch in 19, 40 hat mit Ambakum 2, 11
nichts zu schaffen, er ist frei geschöpft und leicht verständlich.
Ἐάν mit dem Futurum (Blaß § 65, 5) scheint keine mögliche,
sondern eine unmögliche Bedingung einzuleiten.

19, 41—44 findet sich nur bei Lc und nimmt Mc. 13 voraus.
Der erste Anblick Jerusalems eignet sich sehr gut zu dieser Ge-
fühlsäußerung; aber vorher und nachher ist die Stimmung ganz
anders, keineswegs hoffnungslos. Auffallend unterscheidet sich der
tiefe Schmerz über den Fall der Stadt von dem Racheschrei in
18, 7s. 19, 27 — das hängt mit dem Unterschied der Zeiten vor
und nach der Katastrophe zusammen. Die Friedensbedingungen
(19, 42, vgl. 14, 32) sind die mit Gott. Die Worte καὶ τὰ τέκνα
σου ἐν σοί (19, 44) sind sehr schwierig. Denn ἐδαφιοῦσίν σε be-

deutet nicht sie schmettern zu Boden, so daß man nach Ps.
137, 9 verstehn könnte. Wollte man statt בניכי vermuten בניניכי
(deine Bauten), so erhielte man eine höchst überflüssige Aussage.
Näher liegt es, an einen Zustandssatz zu denken: während deine
Kinder in dir sind. Der müßte freilich am Schluß von 19, 43
stehn: sie werden dich von allen Seiten einschließen, während d. K.
in dir sind. Die Juden des platten Landes hatten sich in die
Hauptstadt geflüchtet und überfüllten sie bei der Belagerung.

19, 45—48. Die Verfluchung des Feigenbaums (§ 56. 58)
läßt Lc begreiflicher Weise aus, hat sie aber nach 17, 8 in Verbindung mit der Anweisung zum Gebet gekannt. Die Reinigung
des Tempels wird sehr kurz abgemacht. Sie schließt sich unmittelbar an die Palmarumperikope an. Sofort vom Ölberg hinunter
zieht Jesus in Jerusalem ein, die Prozession endet im Tempel, wie
bei Mt, gegen Mc. Das Lehren im Tempel (19, 47) wird nicht
wie bei Mc als Ereignis dieses bestimmten Tages berichtet, sondern als ein Pflegen καθ' ἡμέραν (Mc. 14, 49). Die Bemerkung
Mc. 11, 19 wird erst 22, 37 nachgebraeht, und zwar ausführlicher.
Das Schema der sechs Tage fehlt, Jesus hält sich unbestimmte
Zeit in Jerusalem auf; daher z. B. 20, 1 eines Tages statt am
folgenden Tage (Mc. 11, 20. 27). Ἐκρέματο ἀκούων ist mehr
aramäisch als ἐκ. ἀκούειν (D), bedeutet aber gleichviel. Es heißt
nicht: sie hingen hörend an ihm.

§ 59. 60. Lc. 20, 1–19.

Und eines Tages, da er das Volk im Tempel lehrte
und das Evangelium verkündete, traten die Hohenpriester und
die Schriftgelehrten herzu, samt den Ältesten ²und sprachen zu
ihm: sag uns, kraft welcher Befugnis tust du das, und wer ist
es, der dir diese Befugnis gegeben hat? ³Er antwortete: ich
will euch auch etwas fragen, sagt mir Bescheid! ⁴war die
Taufe Johannes vom Himmel oder von den Menschen? ⁵Sie
aber überlegten bei sich: sagen wir vom Himmel, so sagt er:
warum habt ihr ihm denn nicht geglaubt? ⁶sagen wir aber:
von Menschen, so steinigt uns das ganze Volk, denn sie sind
überzeugt, daß Johannes ein Prophet ist. ⁷Und sie antworteten, sie wüßten nicht, woher sie wäre. ⁸Und Jesus

sprach zu ihnen: so sage auch ich euch nicht, kraft welcher
Befugnis ich dies tue.

⁹Er begann aber dieses Gleichnis. zum Volke zu sagen.
Ein Mann pflanzte einen Weinberg und tat ihn aus an Pächter
und ging außer Landes geraume Weile. ¹⁰Und seiner Zeit
sandte er einen Knecht an die Pächter, daß sie ihm von der
Frucht des Weinberges sein Teil gäben; sie aber schlugen ihn
und ließen ihn mit leeren Händen ziehen. ¹¹Und er sandte
noch einen anderen Knecht, auch den schlugen und be-
schimpften sie und ließen ihn mit leeren Händen ziehen.
¹²Und noch einen dritten sandte er, den verwundeten sie und
warfen ihn hinaus. ¹³Da sagte der Herr des Weinberges: was
soll ich tun? ich will meinen geliebten Sohn hinsenden, vielleicht scheuen sie sich vor dem. ¹⁴Als aber die Pächter ihn
sahen, überlegten sie mit einander und sagten: das ist der
Erbe, laßt uns ihn töten, damit das Erbe unser werde. ¹⁵Und
sie warfen ihn aus dem Weinberge hinaus und töteten ihn.
Was wird nun der Herr des Weinberges ihnen tun? ¹⁶er wird
kommen und die Pächter umbringen und den Weinberg anderen
geben. Als sie das hörten, sagten sie: das sei ferne. ¹⁷Er
aber blickte sie an und sprach: was bedeutet denn dies Wort
der Schrift: der Stein, den die Bauleute verworfen haben, der
ist zum Kopfstein geworden, ¹⁸wer auf jenen Stein fällt, wird
zerschellen, auf wen aber er fällt, den wird er zermalmen.
¹⁹Und die Schriftgelehrten und die Hohenpriester suchten zur
selben Stunde Hand an ihn zu legen, fürchteten sich aber
vor dem Volke. Denn sie erkannten, daß er das Gleichnis
auf sie gesagt hatte.

20, 1—8. Durch „eines Tages" (20, 1) wird die zeitliche Beziehung der von den jüdischen Oberen an Jesus gestellten Frage
zu seinem stürmischen Auftreten im Tempel gelockert und die
kausale unkenntlich gemacht. Sie fragen ihn vielmehr nach der
Befugnis seines εὐαγγελίζασθαι. In 20, 6 verdient der Plural
πεπεισμένοι γάρ εἰσιν (D) den Vorzug vor dem Singular.

20, 9—19. Die Adresse an das Volk ist in D ausgelassen,
weil nach 20, 16ᵇ—19 vielmehr die Oberen angeredet erscheinen;
doch hört auch das Volk zu. Die ausführliche Wiederholung von
Isa. 5 in Mc. 12, 1 fehlt bei Lc mit Recht. Καιρῷ (20, 10) kann
zwar nicht, muß aber bedeuten: zu der geeigneten Zeit. Die

Sendung noch anderer Knechte nach dem dritten übergeht Lc;
die Tötung verspart er für den Sohn, sie erfolgt außerhalb des
Weinberges, wie bei Mt. In 20, 16 wird die Antwort von Jesus
selber gegeben, nicht von den Gegnern, wie bei Mt. Im Gegenteil,
die Gegner sagen: μὴ γένοιτο. Ihre Erwiderung ist genau so unsinnig wie ὁ ὕστερος Mt. 21, 31 (vgl. zu d. St) und bestätigt dieses.
Sie wird erklärt am Schluß von 20, 19 (nach Mc. 12, 12): sie erkannten, das Gleichnis sei auf sie gemünzt. Diese Worte werden
darum in der Syra S. in 20, 16 eingeschoben. Aber sie haben
dort den Ausfall des Nachsatzes zu als sie das hörten ver-
schuldet, so daß der Text garnicht mehr zu verstehn ist. Denn
die Konstruktion von Merx ist unmöglich und ergibt auch keinen
Sinn. Das Zitat 19, 17 (Ps. 118, 22) ist bei Lc verkürzt, dagegen
in 19, 18 aus unbekannter Quelle noch ein anderes, ganz hetero-
genes hinzugefügt, welches auch in dem unechten Verse Mt. 21, 44
erscheint. Die Zugehörigkeit von 20, 19 zu dem Vorhergehenden
kann nicht bezweifelt werden; die Explizirung des Subjekts ändert
daran nichts.

§ 61—63. Lc. 20, 20—40.

Und sie entfernten sich und schickten Aufpasser,
fromm tuende Heuchler, um ihn bei einem Worte zu fassen,
damit sie ihn der Obrigkeit und der Gewalt des Landpflegers
überliefern könnten. ²¹Und sie fragten ihn: Meister, wir
wissen, daß du gerade sprichst und lehrst, und keine Person
ansiehst, sondern nach der Wahrheit den Weg Gottes lehrst
— ²²dürfen wir dem Kaiser Steuer geben oder nicht? ²³Er
merkte aber ihre Arglist und sprach zu ihnen: ²⁴weiset mir
einen Silberling! wessen Bild und Aufschrift trägt er? Sie
sagten: des Kaisers. ²⁵Da sprach er zu ihnen: also entrichtet
dem Kaiser, was des Kaisers ist, und Gotte, was Gottes ist.
²⁶Und sie konnten ihn nicht angesichts des Volkes bei einer
Äußerung fassen, und verwundert über seine Antwort schwiegen
sie still.
²⁷Es kamen aber einige Sadducäer heran, die da sagen,
es gebe keine Auferstehung und fragten ihn: ²⁸Meister, Moses
hat uns vorgeschrieben, wenn einem ein Bruder, der ein Weib
hat, kinderlos stirbt, so solle sein Bruder das Weib nehmen

und seinem Bruder Nachkommen erzeugen. [29]Nun waren sieben Brüder, der erste nahm eine Frau und starb kinderlos, [30]und der zweite nahm sie [31]und der dritte, und so alle sieben, und starben kinderlos. [32]Zuletzt starb auch die Frau. [33]Nun bei der Auferstehung, wessen Weib wird sie da sein? sie haben sie ja alle sieben gehabt. [34]Und Jesus sprach zu ihnen: Die Kinder dieser Welt freien und lassen sich freien. [35]Die aber der Teilhaftigkeit an jener Welt und der Auferstehung von den Toten gewürdigt worden sind, freien nicht und lassen sich nicht freien, [36]denn sie können ja auch nicht sterben. Sondern sie sind gleich den Engeln [und Söhne Gottes] als Söhne der Auferstehung. [37]Daß aber die Toten auferstehn, deutet Moses an in der Geschichte vom Dornbusch, wie er den Herrn nennt den Gott Abrahams und den Gott Isaaks und den Gott Jakobs — [38]Gott ist er nicht von Toten, sondern von Lebendigen, denn alle sind ihm lebendig. [39]Einige von den Schriftgelehrten aber antworteten: Meister, du hast gut geredet. [40]Denn sie wagten nicht mehr, ihm irgend eine Frage vorzulegen.

20, 20—26. Den Eingang und den Schluß hat Lc frei behandelt, in dem Bewußtsein, daß die Übergänge nicht zur eigentlichen Tradition gehören. Die Herodianer kennt er nicht, die Pharisäer umschreibt er, ohne sie zu nennen, wie in 18, 9.

20, 27—38. Den Vers 31, dessen fehlerhafte Konstruktion durch die Variante in D nicht verbessert wird, habe ich nach der Syra S. wiedergegeben, die wenigstens sinngemäß übersetzt. Den Schluß von Mc. 12, 25 hat Lc theologisch erweitert. Kinder zeugen heißt Ersatz schaffen für die Gestorbenen, künftig aber hört das Sterben auf und also auch das Heiraten (20, 36). Der Satz καὶ υἱοί εἰσιν θεοῦ fehlt in der Syra S.; er deckt sich in der Tat mit dem vorhergehenden Satze ἰσάγγελοί εἰσιν (denn Söhne Gottes ist synonym mit Engeln, vgl. LXX Gen. 6, 2), uud wegen der Wiederholung des εἰσίν muß einer von beiden weichen. Die Lesart von D ἰσάγγελοί εἰσιν τῷ θεῷ (sie sind gleich den Engeln wie Gott) scheint ein Kompromiß zu sein. Die Auferstehung macht die Menschen zu Engeln oder zu Söhnen Gottes, vgl. Sapientia 5, 4. 6, 20. Aber nicht alle werden ihrer gewürdigt, wie in 20, 35 angedeutet wird; Lc scheint die Auferstehung auf die Gerechten zu beschränken (14, 14). Was der Schluß von 19, 38 in diesem Zusammenhange besagen soll, versteh ich nicht.

20, 39. 40 ist ein Rest des § 63 (Mc. 12, 28—34), der im übrigen hier ausgelassen wird, weil er schon in 10, 25 ss. verwendet ist.

§ 64—66. Lc. 20, 41–21, 4.

Er sprach aber zu ihnen; Wie kann man sagen, der Christus sei Davids Sohn? ⁴²David selbst sagt ja im Psalmbuch: der Herr sprach zu meinem Herrn: setz dich zu meiner Rechten, bis ich deine Feinde als Schemel unter deine Füße lege! ⁴³David also nennt ihn Herr, wie ist er denn sein Sohn?

⁴⁵Vor den Ohren des ganzen Volkes aber sprach er zu seinen Jüngern: ⁴⁶Hütet euch vor den Schriftgelehrten, die es lieben in feierlicher Tracht einherzugehn und gegrüßt sein wollen auf den Straßen und gern obenan sitzen in den Synagogen und am Tisch beim Mahle — ⁴⁷und fressen der Witwen Hausgut und verrichten lange Gebete zum Schein: die werden die schlimmste Strafe empfangen.

²¹,¹Und er blickte auf und sah die, die ihre Gaben in den Opferstock warfen, reiche Leute. ²Er sah aber eine ärmliche Witwe zwei Scherflein einwerfen ³und sprach: Wahrlich, ich sage euch, diese arme Witwe hat mehr als die anderen eingelegt, ⁴denn alle diese haben aus ihrem Überfluß eingelegt, diese aber hat aus ihrer Dürftigkeit eingelegt, die ganze Habe, die sie hatte.

20, 41—44 nach Mc. 12, 35—37, ohne wesentliche Änderungen.

20, 45—47 nach Mc. 12, 38—40, mit Hinzufügung der Adresse: an die Jünger, aber in Anwesenheit des Volkes; vgl. Mt. 23, 1.

20, 1—4 nach Mc. 12, 41, 44, ohne wesentliche Änderungen. Das Kupfergeld (Mc. 12, 41) vermeidet Lc (21, 1), wie auch sonst.

§ 67. 68. Lc. 21, 5–36.

Und da etliche über den Tempel sagten, daß er mit schönen Steinen und Weihgeschenken geschmückt sei, sprach er: ⁶Was ihr da seht — es kommen Tage, wo daran kein Stein auf dem anderen bleibt, der nicht abgebrochen werde. ⁷Sie fragten aber: Meister, wann wird das geschehen? und was ist das Zeichen der Zeit, wann es geschehen wird? ⁸Er sprach: Habt Acht, daß ihr nicht irre geführt werdet! Denn viele werden kommen auf meinen Namen und sagen: ich bin es, und die Zeit steht nah bevor — folgt ihnen nicht. [9]Hört ihr von Kriegen und Wirren, so laßt euch nicht beunruhigen; das muß zuerst eintreten, aber das Ende (kommt) nicht sogleich. [10]Darauf sprach er zu ihnen. Ein Volk wird sich wider das andere erheben und ein Reich wider das andere; [11]große Erdbeben hier und da werden sein und Hungersnöte und Seuchen, am Himmel werden grausige Dinge und große Zeichen sein. [12]Vor alledem aber werden sie Hand an euch legen, euch verfolgen und an die Gerichte übergeben und in die Gefängnisse, so daß ihr vor Könige und Statthalter geführt werdet um meines Namens willen. [13]Es wird darauf hinauskommen, daß ihr Zeugen werdet. [14]Prägt euch nun ein, daß ihr euch nicht vorbereitet auf eure Verantwortung, denn ich werde euch Rede und Weisheit geben, wogegen alle eure Widersacher nicht aufkommen können. [16]Ihr werdet aber auch von Eltern und Brüdern und Verwandten und Freunden ausgeliefert werden, und sie werden einige von euch töten, [17]und ihr werdet von allen gehaßt werden wegen meines Namens. [18]Und kein Haar von eurem Haupte wird verloren sein, [19]durch eure Standhaftigkeit werdet ihr eure Seelen erwerben.

[20]Wenn ihr aber seht, daß Jerusalem von Heerlagern eingeschlossen wird, so erkennt, daß die Verwüstung der Stadt bevorsteht. [21]Dann mögen die Leute [in Judäa auf die Berge fliehen und] innerhalb der Stadt auswandern, und die auf dem Lande nicht hereinkommen; [22]denn es sind die Tage der Rache, zur Erfüllung alles dessen, was geschrieben steht. [23]Wehe aber den Schwangeren und den säugenden Müttern in jenen Tagen; denn es wird eine große Not kommen über das Land und ein Zorn gegen dieses Volk. [24]Und sie werden durch das Schwert fallen und in Sklaverei geführt werden unter alle Heiden; und Jerusalem wird zertreten werden von den Heiden, bis daß die Zeit der Heiden erfüllt ist.

[25]Und (dann) werden Zeichen an Sonne Mond und Sternen eintreten, und auf Erden eine ratlose Angst unter den Heiden, ein Meeres-tosen und -wogen, da die Menschen vergehn in banger Erwartung der Dinge, die über die Menschenwelt hereinbrechen; denn die Himmelsmächte werden ins Schwanken ge-

8*

raten. [27]Und dann werden sie den Menschensohn kommen
sehen in einer Wolke mit großer Macht und Herrlichkeit.
[28]Wenn aber das anfängt zu geschehen, so richtet euch auf
und erhebt euer Haupt, denn eure Erlösung naht.
[29]Und er sagte ihnen ein Gleichnis: Seht den Feigenbaum
an und die anderen Bäume; [30]wenn sie treiben, so erkennt,
daß der Sommer nahe ist — [31]ebenso erkennt auch, daß das
Reich Gottes nahe ist, wenn ihr das alles seht. [32]Amen, ich
sage euch, dies Geschlecht wird nicht vergehn, bis es alles
geschieht. [33]Himmel und Erden werden vergehn, meine Worte
aber werden nicht vergehn. [34]Habt aber acht auf euch, daß
eure Herzen nicht stumpf werden durch Fressen und Saufen
und Sorgen der Nahrung, und jener Tag dann plötzlich über
euch kommen wie ein Fallstrick. [35]Denn er wird kommen
über alle die auf der ganzen Erde wohnen. [36]Seid nun allezeit wach im Gebet, damit ihr vermöget zu entrinnen alle
dem, was geschehen soll, und zu stehn vor dem Menschensohne.

21, 5. Auf 17, 22ss. läßt Lc hier die Parallele aus Mc folgen,
während Mt beides verschmilzt. Die §§ 67 und 68 (Mc. 13, 1. 2.
13, 3—37) zieht er in eins zusammen. Die Anrede ergeht nicht
an die vier Intimen, nicht einmal an die Jünger überhaupt, sondern
an τινές; diese nennen Jesus διδάσκαλε (21, 7), während die Jünger
κύριε oder ἐπιστάτα sagen. Trotzdem ist auch bei Lc der Inhalt
der Rede deutlich für die Jünger bestimmt. Der Anlaß, sie in
der Adresse aus dem Spiel zu lassen, ist vielleicht darin zu suchen,
daß sie schon einmal (17, 22) die selbe Frage getan und eine
Antwort erhalten haben, die sie hätte abhalten müssen, darauf zu-
rückzukommen.

21, 6. Das Relativum ἅ darf unmöglich gestrichen werden.
Ταῦτα ἃ θεωρεῖτε ist vielmehr casus pendens. Der muß aber hernach wieder aufgenommen werden: was ihr da seht (diese Mauern)
— es kommt eine Zeit, wo daran nichts bleibt. Diese rück-
weisende Bestimmung findet sich auch in der Tat in der Syra S.
(daran) und in D (ὧδε) und ist um so sicherer echt, weil sie in
diesen Zeugen wegen des dort fehlenden ἅ entbehrlich wäre. Neben
ὧδε steht in D (aber nicht in der Syra S.) noch ἐν τοίχῳ; das ist
eine gleichgiltige und überflüssige Erklärung von ὧδε.

21, 7 wird gegen Mc. 13, 13 ohne Unterbrechung angeschlossen.
Die Frage nach dem Zeichen stellt auch Lc voran; daß das Fol-

gende eine Antwort darauf ist, läßt sich aber bei ihm weniger
gut erkennen als bei Mc. In D heißt es: τί τὸ σημεῖον τῆς σῆς
ἐλεύσεως. Das ist konformirt nach Mt; ἔλευσις (Lc. 23, 42 D) ist
synonym mit παρουσία. Vgl. zu Mt. 24, 3.

21, 8. Über die Schwierigkeit von ἐπὶ τῷ ὀνόματί μου s. zu
Mc. 13, 6. Mt. 24, 5. Es ist vielleicht unecht, wenngleich uralt;
denn es kann kaum verstanden werden: sie maßen sich den Titel
des Christus an, der mir allein zusteht. Ich bin es bedeutet bei
Lc wie bei Mt: ich bin der erwartete rechte Mann. Das erhellt
aus dem Zusatz: und die Zeit ist nahe. Damit kündigt sich der
Messias an, der das Reich Gottes in Bälde herstellen wird. —
21, 9 = Mc. 13, 7.

21, 10. 11 (Mc. 13, 8). Die einleitenden Worte, die einen
Absatz markiren, fehlen in D und Syra S.

21, 12 (Mc. 13, 9). Die Verfolgung der palästinischen Gemeinde liegt vor den in 21, 9—11 angekündigten Ereignissen, weil
sie bei Lc schon der Vergangenheit angehört und es sich gezeigt
hat, daß sie mit den Wehen des Messias nicht zusammenfällt. —
Mc. 13, 10 fehlt.

21, 13—15. Der Vers 13 schwebt in der Mitte zwischen
Vers 12 und 14. Auch hier wie in 5, 14 wird εἰς μαρτύριον αὐτοῖς
(bei Mc) verwandelt in εἰς μ. ὑμῖν, der Sinn aber dadurch nicht
entstellt, wenngleich modifizirt; vgl. zu Mc. 13, 9. Es ist eine
Ehre für die Jünger, daß sie Zeugen sein werden, freilich nicht
gerade Blutzeugen. Sie sollen sich aber nicht präpariren (21, 14.
15 = Mc. 13. 11). Der Wortlaut von 21, 15 berührt sich auffallend mit Act. 6, 10; Stephanus ist das Musterbeispiel eines
Zeugen.

21, 16—19 (Mc. 13, 12. 13). Der Vers Mc. 13, 12, der dort
alttestamentliches Gepräge hat, wird von Lc den Verhältnissen der
Christen in Palästina angepaßt; vgl. zu Mt. 10, 35. In 21, 18
wird natürlich nicht gesagt, daß ihnen kein Haar gekrümmt werden
soll, sondern nur, daß auch das geringste Leid ihnen nicht von ungefähr widerfährt, sondern von Gott berücksichtigt wird; vgl. Mt.
10, 28—30, und zu ἀπόληται Mt. 10, 42.

21, 20ss. (Mc. 13, 14ss.). Von dem mysteriösen danielischen
Greuel der Verwüstung als Beginn der Peripetie, in Verbindung
mit dem Menschensohn als ihren Schluß, ist bei Lc keine Rede.
Er macht daraus klipp und klar die Verwüstung Jerusalems. Die

Drangsal der Juden endet nicht mit ihrer Rettung durch den Menschensohn, sondern mit ihrer Vernichtung. Der Menschensohn schreitet erst nach ihrer Vernichtung gegen die Heiden ein, nachdem auch deren Zeit erfüllt ist. Die Parusie fällt also nicht zusammen mit der Katastrophe Jerusalems; diese ist nicht das Ende und kann es nicht mehr sein, weil sie bereits der Vergangenheit angehört. Daher wird sie auch von Lc mit eigentlicheren Zügen beschrieben als von Mc und Mt. Er hat die Weissagung up to date gebracht, nachdem der ursprüngliche Termin ihrer Erfüllung verstrichen war und es sich herausgestellt hatte, daß mit der Zerstörung der heiligen Stadt das Ende und der Messias doch nicht gekommen waren. Eine solche Prolongirung des Wechsels ist für die Apokalyptik überhaupt bezeichnend.

21, 21. Da das (οἱ ἐν μέσῳ) αὐτῆς nur auf Jerusalem gehn kann, so entsteht ein Bedenken gegen den ersten Satz, wonach es auf Judäa bezogen werden müßte. Er kann aus Mc. 13, 14 eingedrungen sein.

21, 22. Die ἐκδίκησις (18, 7. 8. 19, 27) tritt bei Lc stärker hervor als bei Mt, doch vgl. Mt. 23, 35 (Lc. 11, 50).

21, 24. Hier scheint die Historie am deutlichsten durch, es wird Rücksicht genommen auf Dinge, die als weitere Folgen nach der Zerstörung eintreten. Aus dem Schlußsatz, der sich an Ezech. 30, 3 lehnt, geht hervor, daß nunmehr in 21, 25ss. die Heiden an die Reihe kommen.

21, 25—28 ist durch einen längeren zeitlichen Zwischenraum, nicht bloß durch die kurze Frist der Belagerung, von 21, 20—24 getrennt, und nicht mehr Vergangenheit, sondern wirkliche Zukunft. Der Menschensohn entspricht nicht mehr als Endtermin der messianischen θλῖψις dem Greuel der Verwüstung als Anfangstermin, und der Schauplatz seines Erscheinens ist nicht Jerusalem, sondern die οἰκουμένη. Das Gericht ist ein Gericht über die Heiden zu gunsten der Christen; diese haben sich bisher geduckt, sollen aber nunmehr in freudiger Erwartung den Kopf erheben und ausschauen. Ihre Erlösung geschieht nicht durch den Tod Jesu, sondern durch die Parusie (24, 21) — was ohne Zweifel die ältere Vorstellung ist. Mc. 13, 24—27 schimmert kaum noch durch und ist völlig christianisirt.

21, 29—31 (Mc. 13, 28. 29). Bei Lc fällt es weniger auf als bei Mc, daß ταῦτα πάντα (21, 31) nicht das Ende selber, sondern

nur das Vorzeichen des Endes sein soll. Er hat richtig empfunden,
daß die Feige als einfacher Baum in diesen Zusammenhang
nicht paßt, und darum hinzugefügt (21, 29): und die anderen
Bäume; vgl. zu Mt. 24, 32. Den Imperativ γινώσκετε und τὸ θέρος
hat er aber stehn lassen. Βλέποντες ἀφ ' ἑαυτῶν (21, 30) fehlt in
D und Syra S. und ist wol aus 12, 57 eingedrungen. Es würde
besser in 21, 31 hinter ὑμεῖς stehn; ihre Erfahrung in betreff der
Bäume sollen sie anwenden auf die Zeichen der Geschichte. Das
andere wäre idem per idem.

21, 32. 33 ist aus Mc. 13, 30. 31 übernommen, obwol 21, 32
zu der Gegenwart des Lc garnicht mehr paßt.

21, 34—36. Den Vers Mc. 13, 32 hat Lc entweder ausgelassen
oder noch nicht vorgefunden, vgl. Act. 1, 7. Den paränetischen
Schluß Mc. 13, 33—37 hat er durch einen anderen ersetzt. Mit
großem Nachdruck wird in 21, 35 betont, daß die Parusie der
ganzen Welt gilt, wie in 21, 26 der οἰκουμένη — mit Jerusalem
und dem heiligen Lande hat sie nichts Spezielles mehr zu tun.
Σταθῆναι ἔμπροσθεν (21, 36) bedeutet: vor den Richtstuhl gestellt
werden oder treten.

§ 69–72. Lc. 21, 37–22, 13.

Er war aber die Tage im Tempel und lehrte, die Nächte
verbrachte er draußen auf dem sogenannten Ölberge, [38]und
morgens früh kam alles Volk zu ihm, ihn im Tempel zu hören.
[22, 1.] Das Fest der ungesäuerten Brode stand aber bevor,
welches Pascha genannt wird. [2]Und die Hohenpriester und
die Schriftgelehrten suchten nach Mitteln und Wegen ihn um-
zubringen, denn sie fürchteten sich vor dem Volk.
[3]Und der Satan fuhr in Judas den sogenannten Iskariotes,
einen aus der Zahl der Zwölfe, [4]und er ging und beredete
sich mit den Hohenpriestern und Hauptleuten, wie er ihn in
ihre Hand liefern könnte. [5]Und sie waren froh und ver-
sprachen ihm Geld zu geben. [6]Und er sagte zu und suchte
Gelegenheit, ihn zu überliefern, wenn er nicht von der Menge
umgeben wäre.
[7]Es trat nun der Tag der ungesäuerten Brode ein, an
dem das Pascha geschlachtet werden mußte. [8]Und er trug
Petrus und Johannes auf: geht und richtet uns das Pascha

an, daß wir es essen. [9]Sie fragten ihn: wo sollen wir es an-
richten? [10]Er sprach: Wenn ihr in die Stadt hineinkommt,
wird euch ein Mann begegnen, der einen Krug Wasser trägt;
dem folgt in das Haus, in das er eintritt. [11]Und sagt dem
Herrn des Hauses: der Meister läßt dir sagen: wo ist mein
Quartier, da ich das Pascha esse mit meinen Jüngern? [12]Und
er wird euch ein großes Oberzimmer zeigen, mit Teppichen
belegt; da richtet an. [13]Sie gingen hin, und fanden es wie
er ihnen gesagt hatte, und richteten das Pascha an.

21, 37. 38 wie Mc. 11, 19. Lc begnügt sich mit der allgemeinen Angabe und erwähnt das besondere Aus- und Eingehen
an jedem einzelnen Tage nicht. Bethania als Aufenthalt Jesu erwähnt er in der Passionsgeschichte nirgends.

22, 1. 2 weicht von Mc. 14, 1. 2 ab. „Das Pascha und die
Azyma" wird inkorrekt verändert in: das Fest der Azyma, welches
Pascha heißt. „Über zwei Tage" und „nicht am Fest, daß kein
Auflauf entstehe" wird ausgelassen, um den Widerspruch zu vermeiden, daß Jesus nach dem Folgenden doch am ersten Festtage
hingerichtet wird. Es ist wichtig, daß Lc diesen Widerspruch empfunden hat. Den § 70 (Mc. 14, 3—9) übergeht er mit Rücksicht
auf 7, 34ss.

22, 3—6 ist eine freie Wiedergabe von Mc. 14, 10. 11. Der
Satan spielt auch in 22, 31 ein. Zu ἄτερ (22, 35) s. Blaß § 40, 6.
Über die στρατηγοί vgl. Schürer[3] 2, 265s.; sie fehlen hier in D.

22, 7—13 getreu nach Mc. 14, 12—16, mit nur unwesent-
lichen Änderungen. Die zwei Jünger (Mc. 14, 13) sind bei Lc
Petrus und Johannes. Daß das Pascha auf den ersten Tag der
Azyma fällt (22, 7), ist richtig, wenn der Abend und die Nacht
den Tag eröffnet. Vgl. 22, 34. 61: heute, bevor der Hahn kräht.

§ 74. 73 Lc. 22, 14—23.

Und als die Stunde kam, setzte er sich zu Tisch und die
Apostel mit ihm. [15]Un er sprach zu ihnen: Mich hat herzlich
verlangt, dieses Pascha mit euch zu essen, bevor ich leide;
[16]denn ich sage euch, ich werde es nicht mehr essen, bis es
gegessen wird im Reiche Gottes. [17]Und er nahm den Kelch,
dankte und sprach: Nehmt den und teilt ihn unter euch;
[18]denn ich sage euch, ich werde von nun an nicht mehr von

dem Gewächs des Weinstocks trinken, bis das Reich Gottes kommt. ²¹Doch siehe, die Hand dessen, der mich verrät, ist mit mir auf dem Tisch. ²²Der Menschensohn geht zwar dahin, wie es bestimmt ist, doch wehe dem Menschen, durch den er verraten wird. ²³Und sie begannen hin und her zu reden, wer von ihnen es wäre, der dies tun würde.

[¹⁹Und er nahm Brod, dankte und brach und gab es ihnen und sprach: ²⁰das ist mein Leib, der für euch gegeben wird, das tut zu meinen Gedächtnis. ²⁰Und ebenso den Kelch nach dem Essen und sprach: dieser Kelch ist der neue Bund in meinem Blut, das für euch vergossen wird.]

22, 14. Lc nennt die Zwölf (Mc. 14, 17) die Apostel. Den § 74 (Mc. 14, 18—21) stellt er hinter § 73 (22, 21—23).

22, 15—18. Lc hebt geflissentlich hervor, daß das Abendmahl das Pascha war — was er durch die Auslassungen in 22, 1. 2 vorbereitet hat. Daß Jesus nicht bloß sein Verlangen nach dem Pascha ausspricht, sondern es auch wirklich mit den Jüngern ißt, unterläßt er zu sagen, weil es sich von selbst versteht; gerade so fügt er in 22, 17. 18 nicht hinzu, daß der Wein wirklich getrunken wurde. An das Essen des Pascha wird ein ganz analoger Spruch geknüpft, wie an das Trinken des Weines (22, 18); überhaupt ist 22, 15. 16 ganz konform mit 22, 17. 18. Das letzte Paschamahl ist die Vorstufe zum Mahl im Reiche Gottes. Die Lesart βρωθῇ (D) statt πληρωθῇ in 22,·16 verdient den Vorzug, ein wesentlicher Unterschied des Sinnes besteht nicht.

Daß der Bericht Lc. 22, 14—18 dem Bericht Mc. 14, 22—25 entsprechen soll, erhellt namentlich aus dem völlig identischen Schluß (Lc. 22, 18. Mc. 14, 25). Aber die Unterschiede sind sehr groß; darüber ist bereits im Kommentar zu Mc p. 123 s. gehandelt. Der Akt weist bei Lc keine Spur von fester liturgischer Form auf, er ist rein historisch, das letzte Paschamahl. Es wird ausdrücklich gesagt, daß es das letzte sein und auf Erden nicht mehr wiederholt werden solle, sondern nur im Reiche Gottes, auf höherer Stufe. Von dem Hingeben des Fleisches und Blutes ist gar keine Rede; in 22, 27 ss. wird vielmehr die Idee der Diakonie Jesu hervorgehoben, und als διαθήκη das Essen und Trinken im Reich Gottes.

Natürlich hat diese außerordentliche Verschiedenheit Anstoß hervorgerufen. In 22, 19. 20 ist darum von späterer Hand die gewöhnliche Darstellung nachgetragen, und zwar mit den Worten des Paulus (1 Kor. 11, 23—25). Aber völlig unvermittelt und völlig post festum — es kann doch nicht ein Mahl sofort auf das andere gesetzt und zweimal gegessen und getrunken werden. Dazu kommt die Unsicherheit der Überlieferung des Textes. Auch hierüber ist schon zu Mc das nötige bemerkt worden. Der Hauptbeweis für den Paulinismus des Lc steht auf sehr schwachen Füßen.

22, 21—23 schließt an 22, 18 an. Bei Lc redet Jesus nur im allgemeinen von Verrat, er nennt oder bezeichnet den Verräter nicht, so daß die Szene mit dem Gefrage der Zwölf unter einander schließt, wer es wol sein möchte. Auch unterbricht die Weissagung den Zusammenhang nicht, sondern kommt erst am Ende. Aber diese Umstellung soll doch die Unterscheidung zwischen Pascha und Abendmahl beseitigen, die bei Mc durch die Einschiebung von § 73 vor § 74 bewirkt wird. Überhaupt wird die Version des Abendmahls bei Lc nicht die ursprüngliche sein, so geschickt sie auch ist. Die des Mc wird durch Mt und Paulus bestätigt. Lc hat sie (von Mc. 14, 25 aus) umgeformt, um das Abendmahl zum Pascha zu machen — was dem Mc trotz allem nicht gelungen ist. Er hat das getan dem Zusammenhang der Erzählung zu lieb, aber vielleicht auch zu dem Zweck, eine Fortsetzung der jüdischen Paschafeier seitens der Christen zu bekämpfen. Dieses Pascha sollte das letzte sein und bleiben, bis zum Eintritt des Reiches Gottes. Das gemeinsame Brodbrechen der Christen wird dadurch nicht angetastet, da es einen ganz anderen Ursprung hat.

Lc. 22, 24–38. § 53. 75.

Es entstand aber auch ein Zank unter ihnen, wer der größte sei. [25]Da sprach er zu ihnen: Die Könige der Völker schalten mit ihnen, und ihre Gewalthaber werden Woltäter genannt. [26]Ihr aber nicht also; sondern der Größte unter euch sei wie der Jüngste, und der Oberste wie der Bedienende. [27]Denn wer ist mehr, der zu Tisch sitzt oder der bedient? Ihr meint: der zu Tisch sitzt? Aber ich selber bin unter euch wie der Bedienende. [28]Ihr jedoch seid die, die mit mir in meinen Versuchungen ausgeharrt haben, [29]und ich vermache euch Herrschaft, wie mir mein Vater, [30]so daß ihr an meinem Tische in meinem Reich essen und trinken sollt, und

auf Thronen sitzen, um die zwölf Stämme Israels zu re-
gieren. [31]Simon Simon, der Satan hat begehrt, euch zu sichten
wie Weizen, [32]ich aber habe für dich gebetet, daß dein
Glaube nicht ausgehe, und wenn du dich zurückgefunden hast,
so stärke deine Brüder. [33]Er sagte zu ihm: Herr, mit dir bin
ich bereit, auch in Gefängnis und Tod zu gehn. [34]Er sprach:
ich sage dir, Petrus, der Hahn wird heute nicht krähen, ehe
du mich dreimal verleugnet und gesagt hast, du kenntest
mich nicht.

[35]Und er sprach zu ihnen: als ich euch ohne Beutel und
Tasche und Schuhe aussandte, hat euch da etwas gemangelt?
Sie sagten: nichts. [36]Er sprach: aber jetzt, wer einen Beutel
hat, der nehme ihn, und wer kein Schwert hat, verkaufe
seinen Mantel und kaufe ein Schwert; [37]denn ich sage euch,
dies Wort der Schrift muß an mir erfüllt werden: und er
ward unter die Übeltäter gerechnet — denn das über mich Ge-
sagte kommt (jetzt) zu Ende. [38]Sie aber sagten: es sind zwei
Schwerter da. Er sprach: es langt.

22, 24—30 entspricht dem § 53 (Mc. 10, 35—44), den Lc an
seiner Stelle ausgelassen hat, ist jedoch aus anderer Quelle geschöpft, von der in Mt. 19, 28 eine Spur sich zeigt. Die historische
Einleitung von den Zebedaiden fehlt, bis auf einen Rest, den Zank
der Jünger (22, 24). Das διακονεῖν ist ganz anders und zwar dem
Sinn des Worts viel entsprechender gefaßt, als in Mc. 10, 44. Das
Beispiel dazu ist nicht der Tod Jesu, sondern sein Abendmahl,
bei dem er den Jüngern aufwartet, d. h. ihnen zu essen und zu
trinken gibt. Nach Johannes (13, 1—11) wäscht er ihnen sogar
die Füße — das ist eine Verschärfung der διακονία, aber die Auffassung der Bedeutung des Abendmahls bleibt die gleiche.

22, 27. Jesus sagt: mein Beispiel zeigt, daß, im Gegensatz
zu der gewöhnlichen Meinung, der Bedienende der Größere ist.
Der übliche Text, der auch von der Syra S. bestätigt wird, gibt
einen guten Sinn und ich habe ihn vorgezogen. In D heißt es in
Vers 26[b] und 27: „der Oberste soll lieber wie der Bedienende
sein als wie der zu Tisch Sitzende; denn ich selber bin in eure
Mitte gekommen nicht als zu Tisch Sitzender, sondern als Be-
dienender, und ihr seid gewachsen in meinem Dienst [wie der Be-
dienende]." Die Erweiterung der zweiten Hälfte von Vers 26

hängt mit der Auslassung der ersten Hälfte von Vers 27 zusammen; der Sinn wird dadurch nicht verändert. Merkwürdig aber ist das Plus am Schlusse: ihr seid gewachsen in meinem Dienst (vgl. D. Mt. 20, 28). In meinem Dienst müßte nach dem Voraufgegangenen bedeuten: dadurch, daß ich euch diene. Es soll aber wol bedeuten: dadurch daß ihr mir dient. Blaß ist einem Anfall von Inspiration erlegen und hat unter Benutzung von allerlei Spreu nach eigenem Ermessen einen funkelnagelneuen Text geschaffen.

22, 28. Die Apostel haben es verdient, so von Jesus behandelt zu werden — wie jene treuen Knechte in 12, 37. Die Versuchungen sind äußere Verfolgungen und Leiden, von denen hier vorausgesetzt wird, daß sie Jesu schon widerfahren sind. Nur die Zwölf haben mit Jesus ausgehalten, und eben darum sind sie selegirt. Das Lob gebührt ihnen freilich nach Mc nicht, und auch bei Lc wird es hernach (22, 31—34) etwas eingeschränkt.

22, 29. 30. Den Teilnehmern am Abendmahl, den Zwölfen, vermacht Jesus zugleich die Teilnahme am messianischen Mahl und eine herrschende Stellung im Reiche Gottes oder Jesu (in D fehlt μου hinter τῇ βασιλείᾳ 22, 30). Das auffallende Verbum in 22, 29 ist ohne Zweifel im Hinblick auf Mc. 14, 24 gewählt; die διαθήκη ist aber nicht als Bund, sondern als Vermächtnis (Testament) aufgefaßt. Das Objekt βασιλείαν gehört auch zu διατίθεμαι. Ohne Artikel (22, 29) bedeutet es Herrschaft, mit dem Artikel (22, 30) das Reich. Über den letzten Satz von 22, 30 vgl. zu Mt. 19, 28.

22, 31—32 ist ein limitirender Nachtrag zu dem in 22, 31 den Aposteln erteilten ehrenvollen Zeugnis. Ganz tadellos haben sie die Versuchung des Satans doch nicht bestanden. Sie sind gestrauchelt, Petrus voran. Doch hat Petrus sich auf das Gebet Jesu (im Himmel?) wieder aufgerichtet. Er hat das zuerst getan und dann auch den Glauben der anderen wieder belebt. Es schimmert ganz deutlich die Tatsache durch, daß Petrus zuerst den Auferstandenen geschaut hat und dadurch der Begründer des Evangeliums und der Gemeinde geworden ist. Seine Warnung verwandelt sich in eine (der Situation wegen imperativisch gefaßte) Anerkennung, die hinter derjenigen in Mt. 16, 17—19 nicht zurücksteht, obgleich sie feiner ist. Überhaupt ragt Petrus bei Lc nicht minder hervor, wie bei Mt, und weit stärker als bei Mc, dem angeblichen Petriner.

22, 33—35. Die Weissagung der Verleugnung Petri, vorher (22, 31) geistreich angedeutet, wird hier in dürren Worten wieder-

holt, nach § 75 (Mc. 14, 26—31). Von der Flucht der Jünger
nach Galiläa verlautet aber nichts, Lc erkennt sie nicht an (22, 53.
23, 49. 24, 13ss.). Er redet wie Mt nur von einem Hahnenschrei;
„der Hahn wird heute nicht krähen" scheint sogar in 22, 34 weiter
nichts zu bedeuten als: noch vor Tagesanbruch. Was es auf sich
hat, daß hier in der Anrede nicht mehr Simon (22, 31), sondern
Petrus gesagt wird, kann ich nicht sehen.

22, 35—38. Der Vers 36 soll dem Vers 35 widersprechen,
muß also in der selben Sphäre liegen und sich ebenfalls auf die
Ausrüstung für Missionsreisen beziehen. Dazu stimmt der Wortlaut: nehmt Geld und Ranzen mit, und wenn ihr kein Schwert
habt, so kauft eins um jeden Preis, sei es auch gegen Dahingabe
des Oberkleides. Es steht durchaus nicht da, was oberflächliche
Exegeten herausgelesen haben: verkauft Geld und Ranzen und
Mantel und kauft euch dafür ein Schwert; αἴρειν heißt nicht verkaufen und Geld kann man nicht verkaufen. Das Schwert paßt
auch recht wol zur Ausrüstung für eine weitere und gefährliche Reise
auf unsicheren Wegen. Wie kann nun aber die Aufforderung, sich
voll und wehrhaft für die Reise auszurüsten, begründet werden
durch die Todesweissagung (22, 37)? Ich sehe es nicht. Andererseits paßt auch 22, 38 nicht zu 22, 36. Nach 22, 36 soll sich in
Zukunft jeder ein Schwert kaufen; nach 22,38 sind zwei Schwerter
zur Stelle, und sie dienen nicht, neben Geld und Ranzen, zur
Reiseausrüstung, sondern zur augenblicklichen Gegenwehr gegen
drohende Todesgefahr — wegen 22, 37. Aber wirklicher Zusammenhang besteht auch nicht zwischen 22, 38 und 22, 37. In 22, 37
heißt es: schriftgemäß muß ich sterben; in 22, 38: hier sind zwei
Schwerter. Wie paßt das? sollen die zwei Schwerter der göttlichen
Notwendigkeit in den Arm fallen?

Es liegen also drei in Wahrheit incohärente Passus vor, die
doch in Beziehung zueinander gesetzt sind; Vers 35. 36, Vers 37,
und Vers 38. Was ist der Ausgangspunkt? Vermutlich Vers 38,
der auf 22, 49 ausschaut. Dann müßte in Vers 37 ursprünglich
nicht die Notwendigkeit der Schrifterfüllung gestanden haben, sondern die Ankündigung der Gefahr eines heimlichen Überfalls. Die
Jünger meinen sich dagegen mit zwei Schwertern wehren zu können,
die in ihrem Besitz sind. Diese Mittel sind lächerlich ungenügend,
Jesus erklärt sie aber in schmerzlicher Resignation für ausreichend,
und läßt die Jünger gewähren. Die Verse 35. 36 sind zuletzt hin-

zugekommen, sie gründen sich auf die Reiseinstruktion der Apostel
und sind also später als diese. In welcher Weise Lc sie mit dem
Folgenden hat verbinden wollen, läßt sich schwer ermitteln; nur
die Anknüpfung ad vocem Schwert ist klar. Man könnte die
Absicht einer Ausgleichung des Widerspruchs annehmen, daß Jesus
früher sogar Geldbeutel und Ranzen verboten hat und jetzt plötzlich
Schwerter erlaubt. Dazu paßt freilich die Frage μή τινος ὑστερήσατε
schlecht, und neben Geldbeutel und Ranzen hätte dann der Stab
nicht fehlen dürfen, weil dieser den besten Gegensatz zum Schwert
bildet. Man würde vielmehr erwarten: habe ich euch nicht ehedem
untersagt, auch nur einen Stock zu führen? nunmehr aber gebiete
ich euch, sogar Schwerter anzuschaffen. Vielleicht hat Lc dies
aber doch im Sinne gehabt und nur nicht gewagt, den ihm schon
vorliegenden Wortlaut darnach umzugestalten. Sehr alte und sehr
junge Elemente erscheinen öfters bei ihm gemischt, ohne daß der
Versuch glückt, sie in inneren Konnex zu bringen.

§ 76. 77. Lc. 22, 49–53.

Und er ging hinaus auf den Ölberg, nach seiner Gewohnheit und auch seine Jünger folgten ihm. ⁴⁰Als er aber an
die Stelle kam, sprach er zu ihnen: betet, daß ihr nicht in
Versuchung kommt. ⁴¹Und er entfernte sich von ihnen etwa
einen Steinwurf weit und beugte die Knie und betete: ⁴²Vater,
wenn du willst, so laß diesen Kelch an mir vorübergehn; doch
nicht mein, sondern dein Wille geschehe. [⁴³Ein Engel vom
Himmel aber erschien und stärkte ihn, ⁴⁴und in Todeskampf
geraten, betete er inbrünstiger, und seine Schweißtropfen waren,
wie wenn Blutstropfen auf die Erde fallen]. ⁴⁵Und er stand
auf vom Gebet und kam zu seinen Jüngern und fand sie eingeschlafen vor Betrübnis. ⁴⁶Und er sprach zu ihnen: was
schlaft ihr? steht auf und betet, daß ihr nicht in Versuchung
kommet.

⁴⁷Da er noch redete, erschien ein Haufe, und einer von
den Zwölfen, mit Namen Judas, ging voraus und trat auf Jesus
zu, ihn zu küssen. ⁴⁸Jesus aber sagte zu ihm: Judas, mit
einem Kuß verrätst du den Menschensohn? ⁴⁹Als nun seine
Begleiter sahen, was werden wollte, sagten sie zu dem Herrn:
sollen wir mit dem Schwert dreinschlagen? ⁵⁰Und einer von ihnen

schlug nach dem Knecht des Hohenpriesters und hieb ihm das rechte Ohr ab. ⁵¹Jesus aber hub an und sprach: laßt es dabei bewenden, Und er rührte das Ohr an und heilte ihn. ⁵²Und er sagte zu den herangekommenen Hohenpriestern und Tempelhauptleuten und Ältesten: Wie gegen einen Räuber zieht ihr aus mit Schwertern und Stöcken? ⁵³Da ich tagtäglich bei euch im Tempel war, habt ihr die Hand nicht gegen mich ausgestreckt. Aber das ist eure Stunde und euer Machtbereich: die Finsternis.

22, 39. Lc vereinfacht den § 76, Jesus betet nur einmal und findet auch die Jünger nur einmal schlafen. Vermutlich will Lc die Jünger schonen, wie aus 22, 45 erhellt: sie waren vor Betrübnis eingeschlafen. Κατὰ τὸ ἔθος weist zurück auf 21, 37s. Nach dieser allgemeinen Angabe kann sich der Leser beliebig viele Wechsel von Zeit und Ort dazu denken; ausdrücklich erwähnt wird ein Ortswechsel nur an dieser Stelle, sonst nicht, auch 21, 5 und 22, 14 nicht.

22, 40 Lc nennt Gethsemane so wenig wie Golgatha. Er hat eine wahre Scheu vor Ortsnamen, namentlich vor solchen, die seinen Lesern unbekannt sind und fremdartig klingen. Aber ἐπὶ τοῦ τόπου genügt doch nicht, man vermißt einen Relativsatz. Die Versuchung ist auch hier die äußere Gefahr; es soll um ihre Abwendung gebetet werden. In Wahrheit erliegen ihr die Jünger, indem sie fliehen und abfallen.

22, 43. 44. Die beiden Verse fehlen nicht bloß im Vaticanus und im Sinaiticus, sondern auch in der Syra S., während sie in der jüngeren Syra C. stehn. Dieser Umstand macht es sehr wahrscheinlich, daß sie späteren Ursprungs sind. Das Verhältnis von Syra S. und C. zeigt sich bei 23, 10—12 ebenso.

22, 46. Die Jünger sollen aufstehn, um zu beten; nicht, weil der Verräter schon herankommt.

22, 47—53. Den § 77 verkürzt Lc nur teilweise. In der Auslassung des nackt fliehenden Jünglings trifft er mit Mt zusammen; er läßt aber auch die Flucht der Jünger überhaupt aus, vgl. zu 22, 33—35. Er übergeht ferner in 22, 47 die Angabe, daß der Haufe bewaffnet und daß der Kuß ein verabredetes Zeichen war, weil beides aus dem Folgenden von selbst sich ergibt. Unter dem Haufen denkt er sich auch die Synedristen anwesend (22, 52), da die Frage Jesu, warum man nicht öffentlich, sondern heimlich gegen ihn vorgehe,

an diese gerichtet zu sein scheint. Das Wort Jesu an Judas
(22, 48) fügt er hinzu, aber anders als Mt (26, 60), und erweitert
auch den bereits durch 22, 38 vorbereiteten Passus vom Abhauen
des Ohres (22, 49—51) in anderer Weise als Mt. Die Jünger,
fragen Jesus um Erlaubnis, einer von ihnen (Mc. 14, 47: einer der
Anwesenden) haut zu und trifft das rechte (6, 6. Mt. 5, 29) Ohr,
Jesus heilt es wieder. Eigentümlich ist der Ausspruch am Schluß
von 22, 53; τοῦ σκότους muß Genitivus epexeg. sein und ebensoviel
bedeuten, wie der Nominativ τὸ σκότος in D, der übrigens den Vorzug verdient. Daß nicht das abgehauene Ohr angesetzt wird, sondern ein neues entsteht, tritt in D (22, 51) deutlicher hervor als
in dem gangbaren Texte.

§ 78–81. Lc. 22, 54–71.

Als sie ihn aber festgenommen hatten, führten sie ihn in
das Haus des Hohenpriesters; Petrus aber folgte von ferne.
[55]Und sie zündeten im Hofe ein Feuer an, und setzten sich
darum, und Petrus mit ihnen. [56]Da sah ihn eine Magd am
Feuer sitzen, faßte ihn ins Auge und sagte: der war auch mit
ihm. [57]Er leugnete aber und sagte: ich kenne ihn nicht,
Weib! [58]Kurz darauf sah ihn ein anderer und sagte: du bist
auch einer von ihnen. Petrus sagte: Mensch, ich bin es nicht.
[59]Und es lag etwa eine Stunde dazwischen, da versicherte ein
anderer: in Wahrheit, auch der war mit ihm, ist er doch ein
Galiläer. [60]Petrus aber sagte, Mensch, ich weiß nicht, was du
sagst. Und alsbald, während er noch redete, krähte der Hahn.
[61]Und der Herr wandte sich um und sah Petrus an, und er
gedachte des Wortes des Herrn, wie er zu ihm sagte: ehe der
Hahn heute kräht, wirst du mich dreimal verleugnen. [[62]Und
er ging hinaus und weinte bitterlich.]
[63]Und die Männer, die ihn festhielten, trieben ihren Mut-
willen mit ihm, schlugen ihn, [64]nachdem sie ihm das Gesicht
verhüllt hatten, und fragten dann: weissag, wer es ist, der
dich geschlagen hat! [65]Und viele andere Lästerungen sagten
sie gegen ihn.
[66]Und als es Tag wurde, trat die Ältestenschaft des
Volkes zusammen, die Hohenpriester und Schriftgelehrten. Und
sie führten ihn vor ihr Hochgericht, [67]und sagten: bist du

der Christus? sag es uns. Er sprach zu ihnen: wenn ich es
euch sage, glaubt ihr es nicht; [68]und wenn ich frage, antwortet ihr mir nicht; [69]von nun aber wird der Menschensohn
sitzen zur Rechten der Kraft Gottes. [70]Da sagten alle: du
bist also der Sohn Gottes? Er sprach zu ihnen: ihr sagt, daß
ich es bin. [71]Sie sagten: was brauchen wir noch Zeugen?
wir haben es ja aus seinem eigenen Munde gehört.

An § 78 (22, 54. 55) schließt Lc sofort den sachlich dazu gehörigen § 81 (56—62, die Verleugnung Petri) an, der bei Mc den
Zusammenhang unterbricht, fährt dann mit § 80 (63—65, Mis-
handlung durch die Schergen) fort, und bringt nun erst den § 79
(66—71), so daß dann auf die Szene vor dem Synedrium sofort
die Szene vor Pilatus folgt.

22, 61. Jesus scheint ebenfalls draußen vor dem Hause zu sein
und dort festgehalten zu werden (22, 63).

22, 62 fehlt in einer Anzahl von Veteres Latinae, ist aus Mt
in Lc eingedrungen und von Blaß mit Recht gestrichen. Ich habe
mich also zu Mt. 26, 75 vergeblich geplagt.

22, 63. 65. Indem diese Verse vor und nicht hinter 22, 66
bis 71 stehn, ergibt sich, daß Jesus nicht vor Gericht mishandelt
wird von den Synedristen, sondern schon früher draußen von den
Schergen. Vgl. im übrigen zu Mt. 26, 67, 68 und Mc. 14, 65.

22, 66—71 (Mc. 14, 55—64). Von Lästerung Gottes d. h. des
Tempels ist bei Lc keine Rede. Das Verhör der Zeugen, die auf
Lästerung befragt werden und auf Lästerung aussagen, fällt ganz
weg; die Äußerung 22, 71 wird so verstanden, daß Zeugen überhaupt überflüssig und nicht zu vernehmen seien. Die Anklage
richtet sich nur auf den Anspruch der Messianität und kommt in-
folgedessen leicht zum Ziel; die Umstände, die dennoch gemacht
werden, sind eigentlich unnötig. Mit anderen Worten hat Lc den
Kern von § 79 fahren lassen und sich lediglich an den späteren
Einsatz (Mc. 14, 61. 62) gehalten. Auch in 23, 35 korrigirt er
demgemäß; s. den Kommentar zu Mc p. 132 s.

22, 66. Über die Zusammensetzung des Synedriums kommen
bei Lc eigentümliche Angaben vor. In 22, 52 (22, 4) werden
neben den Hohenpriestern und Ältesten die Tempelhauptleute genannt, die doch auch unter den Begriff der ἀρχιερεῖς fallen müßten,
so wie er in den Evv. gebraucht wird. In 22, 66 scheint Pres-
byterium der Name der Behörde zu sein, die aus Hohenpriestern

und Schriftgelehrten besteht, während Synedrium Bezeichung des
Gerichts. — Daß das Subjekt von ἀπήγαγον in λέγοντες (22, 67) sich
fortsetzt, geht nicht mit rechten Dingen zu.

22, 69. Dadurch, daß ihr mich jetzt tötet, werde ich zum
Messias in Kraft und nehme meinen Sitz zur Rechten des Vaters
ein. Die Form des Ausspruchs ist von Lc vereinfacht.

§ 82. 83. Lc. 23, 1–25.

Und sie erhoben sich allzuhauf und führten ihn vor
Pilatus. ²Und sie begannen ihn zu verklagen: diesen haben
wir befunden als einen Verwirrer unseres Volks, der verbietet,
dem Kaiser Steuer zu geben und sagt, er selber sei Christus,
König. ³Pilatus fragte ihn: du bist der König der Juden?
Er antwortete: du sagst es. ⁴Pilatus sagte zu den Hohen-
priestern und der Menge: ich finde keine Schuld an diesem
Menschen. ⁵Sie aber sagten noch dringender: er rührt das
Volk auf mit seinem Lehren in ganz Judäa, von Galiläa an
bis hier.

⁶Als Pilatus das hörte, fragte er, ob der Mann aus
Galiläa wäre, ⁷und da er erfahren hatte, daß er aus dem Gebiet des Herodes war, schickte er ihn zu Herodes, der in
diesen Tagen gleichfalls in Jerusalem war. ⁸Herodes aber
freute sich sehr, Jesus zu sehen, denn er wünschte es schon
lange, weil er von ihm gehört hatte und hoffte, ein Zeichen
von ihm zu sehen. ⁹Er richtete nun manche Fragen an ihn,
erhielt aber auf keine eine Antwort. [¹⁰Und die Hohenpriester
und Schriftgelehrten standen und verklagten ihn heftig.
¹¹Herodes aber mit seinen Trabanten verachtete und verspottete
ihn, und schickte ihn mit einem prächtigen Kleide angetan
zurück zu Pilatus. ¹²Auf den Tag wurden Herodes und
Pilatus sich freund, denn vorher standen sie nicht gut mit
einander.]

¹³Pilatus nun berief die Hohenpriester und die Oberen und
das Volk und sagte zu ihnen: Ihr habt diesen Menschen vor
mich gebracht, als verhetze er das Volk, und ich habe ihn in
eurer Gegenwart verhört und nicht gefunden, daß ihm etwas
zur Schuld fällt, was ihr gegen ihn vorbringt; ¹⁴ebenso auch
Herodes nicht, zu dem ich ihn nämlich geschickt habe. Und

wirklich hat er nichts Todeswürdiges getan, [16]also will ich ihn
züchtigen und loslassen. [18]Sie aber schrien alle zusammen:
räum diesen weg und gib Barabbas los — [19]der war wegen
Aufruhrs in der Stadt und wegen Mordes ins Gefängnis geworfen. [20]Noch einmal sprach sie Pilatus an, in der Absicht
Jesus loszulassen. [21]Sie aber riefen dagegen: kreuzige, kreuzige
ihn. [22]Zum drittenmal sagte er zu ihnen: was hat dieser
denn Böses getan? ich finde keine Todesschuld an ihm, will
ihn also züchtigen und loslassen. [23]Sie aber lagen (ihm) an
mit lautem Geschrei und verlangten, daß er gekreuzigt würde.
Und ihr Geschrei schlug durch, [24]und Pilatus entschied zuletzt, daß geschehen sollte, was sie verlangten. [25]Und er ließ
den wegen Aufruhr und Mord Verhafteten, den sie sich aus-
baten, los; Jesus aber gab er ihrem Willen preis.

23, 1—5 (Mc. 15, 1—5). Das Verhör vor Pilatus folgt bei
Lc sachgemäß unmittelbar auf das Verhör vor dem Synedrium, am
frühen Morgen. Er gibt den Inhalt der Anklage an, über den Mc
schweigt, und zwar in einer Weise, die auf den Römer Eindruck
machen konnte (23, 2). Pilatus wiederholt seine Frage nicht, da
Jesus sie ja rund bejaht; zum Schluß spricht er den Hohenpriestern
seine Überzeugung von der Grundlosigkeit der Anklage aus, und
diese begründen sie noch einmal ausführlich — anders als bei Mc.
Über Judäa 23, 5 vgl. zu 4, 44.

23, 6—12 ist ein Zusatz des Lc, angeknüpft ad vocem Gali-
läa (23, 5), vorbereitet durch 9, 9 (er wollte ihn gerne sehen).
Die Verse 10—12 fehlen in der Syra S. und sind eine spätere
Wucherung; s. zu 23, 15.

23, 13—25 (Mc. 15, 6—15). Nach der Unterbrechung durch
den Einschub 23, 6—12 beruft Pilatus die Ankläger noch einmal
zusammen. — Pilatus wird von Lc und Mt stärker entlastet wie
von Mc, dazu muß bei Lc auch noch Herodes die Unschuld Jesu
bezeugen. Die Juden haben die ganze Verantwortung. Daß Pilatus
nur dadurch entschuldigt wird, daß er gegen sein Gewissen handelt,
muß man in den Kauf nehmen; es handelt sich immerhin weniger
um ihn, als um Jesus.

23, 15. Den parenthetischen Relativsatz habe ich nach der
Syra S. wiedergegeben. Ebenso liest die Syra C.; daraus erhellt,
daß auch dort die Verse 10—12 eigentlich fehlen müßten. Denn
die Worte „zu dem ich ihn nämlich gesandt habe" setzen in dieser

Fassung voraus, daß die Hohenpriester bei der Szene vor Herodes nicht zugegen gewesen sind, wie in 23, 10 berichtet wird, sondern erst von Pilatus darüber unterrichtet werden müssen. In D lautet der fragliche Passus: ἀνέπεμψα γὰρ ὑμᾶς πρὸς αὐτόν — das steht dem Text der beiden Syrae noch ganz nahe, es ist bloß durch ὑμᾶς statt αὐτόν versucht, Harmonie mit 23, 10 zu stiften. Das gleiche Bestreben zeigt sich noch stärker in der gewöhnlichen Lesart: ἀνέπεμψεν γὰρ αὐτὸν πρὸς ἡμᾶς. Aber auch dabei sind die Verse 10—12 eigentlich überflüssig; die Zurücksendung Jesu von Herodes an Pilatus brauchte gar nicht in Parenthese nachgetragen zu werden, wenn sie vorher umständlich erzählt war und die Hohenpriester darüber Bescheid wußten (23, 10—12). Vgl. die Göttinger Gel. Nachrichten 1894 p. 9.

23, 18. Mc. 15, 8—11 fehlt und damit der Übergang von den Hohenpriestern zum Volk. Barabbas wird 23, 19 in Parenthese nachgetragen. Das Volk tritt bei Lc ganz zurück und wird nur beiläufig in 23, 4. 13 erwähnt; vgl. zu 23, 48. 49. 24, 19. 20.

§ 85—88. Lc. 23, 26—49.

Und wie sie ihn abführten, griffen sie einen gewissen Simon von Cyrene, der von einem Dorfe kam, und legten ihm das Kreuz auf, es Jesu nachzutragen. [27]Es folgten ihm aber Scharen von Volk, und Weiber, die schlugen sich auf die Brust und wehklagten über ihn. [28]Und Jesus wandte sich um zu ihnen und sprach: Ihr Töchter von Jerusalem, weint nicht über mich, sondern weint über euch selbst und eure Kinder. [29]Denn es kommen Tage, wo man sagen wird: selig die Unfruchtbaren und die Leiber, die nicht geboren, und die Brüste, die nicht genährt haben. [30]Dann wird man anfangen zu sagen zu den Bergen: fallt über uns! und zu den Hügeln: bedeckt uns! [31]Denn wenn solches dem grünen Holz angetan wird, was wird am dürren geschehen? [32]Es wurden aber auch noch zwei Verbrecher mit ihm zur Hinrichtung geführt. [33]Und als sie an die Stätte kamen, welche der Schädel heißt, kreuzigten sie ihn dort und mit ihm die Verbrecher, einen rechts und einen links. [[34]Jesus aber sprach: Vater, vergib ihnen, denn sie wissen nicht, was sie tun.] Und sie verteilten seine Kleider, indem sie das Los darüber warfen.

³⁵Und das Volk stand und schaute zu. Die Oberen aber höhnten und sprachen: andere hast du gerettet, rette dich selber, wenn du der Christus Gottes bist, der Erwählte! ³⁶Auch die Kriegsleute trieben ihren Spott mit ihm, indem sie kamen und ihm Essig reichten ³⁷und sagten: bist du der Juden König, so rette dich selber. ³⁸Es war auch eine Aufschrift über ihm angebracht: dies ist der König der Juden. ³⁹Einer der gehenkten Verbrecher aber lästerte ihn: bist du nicht der Christus? so rette dich und uns! ⁴⁰Der andere antwortete und schalt ihn: fürchtest du Gott nicht? zwar teilst du mit ihm die Strafe, ⁴¹wir jedoch erleiden sie mit Recht, dieser aber hat nichts Schändliches begangen. ⁴²Und er sagte: Jesu, gedenke mein, wenn du kommst mit deinem Reiche! ⁴³Und er sprach zu ihm: sei getrost, heute noch wirst du mit mir im Paradise sein.

⁴⁴Und es war schon etwa die sechste Stunde, da kam eine Finsternis über das ganze Land, bis zur neunten Stunde, ⁴⁵indem die Sonne aussetzte; auch der Vorhang des Tempels riß mitten entzwei. ⁴⁶Da rief Jesus laut: Vater, in deine Hände befehle ich meinen Geist! Mit diesem Wort verschied er. ⁴⁷Da aber der Hauptmann sah was geschah, pries er Gott und sagte: dieser Mann war wirklich ein Gerechter. ⁴⁸Und alle die vielen Leute, die zu dem Schauspiel zusammen gekommen waren, als sie sahen was geschah, schlugen sie sich auf die Brust und kehrten um. ⁴⁹Alle seine Bekannten aber, auch die Weiber, die ihm aus Galiläa mitgefolgt waren, standen von fern und sahen dies.

23, 26—34 (Mc. 15, 21—27). Den § 84, die spöttische Adoration durch die römischen Soldaten, übergeht Lc aus unerfindlichen Gründen. In § 85 läßt er die Angabe über die Tageszeit (Mc. 15, 25) aus und stellt die über die Inschrift am Kreuz (Mc. 15, 26) an eine spätere Stelle. Der aramäische Name Golgatha fehlt (23, 33), ebenso die Namen Alexander und Rufus (23, 26). Mit τὸν σταυρὸν φέρειν ὄπισθεν τοῦ Ἰησοῦ (23, 26) wird vielleicht auf das bekannte Wort 9, 23 angespielt. Die Haupteigentümlichkeit des Lc in diesem Stück ist aber das Trauergeleit aus Jerusalem, das Jesu folgt, und die an die Frauen darunter gerichtete Äußerung Jesu über das furchtbare Schicksal, das der heiligen Stadt drohe (23, 27—31). Das grüne Holz in dem Sprichwort 23, 31 kann niemand anders sein als Jesus; es befremdet aber, daß seine Exekution mit der

des gottlosen Volks der Juden unter einen und den selben Gesichtspunkt gestellt wird: wenn er schon so büßen muß, wie erst das
Volk! Der Spruch „Vater vergib ihnen usw." (23, 34) fehlt im
Vat. Sin. und D, in der Syra und einigen Vett. Latinae; er ist
ohne allen Zweifel interpolirt. In dem Reste von 23, 34 habe ich
das Participium als Finitum übersetzt und das Finitum als Participium; vgl. D und Syra S.

23, 35—43 (Mc. 15, 29—32). Zu dem Hohne, der den Gekreuzigten trifft, gehört auch das Tränken mit Essig durch die
Soldaten (was jedoch in der Syra S. fehlt) und die Inschrift am
Kreuz; darum ist beides von Lc in diesen Zusammenhang gestellt
(23, 36—38). Den Spott der Vorübergehenden (Mc. 15, 29. 30)
läßt er aus, weil sie sagen: o du, der den Tempel zerstört und in
drei Tagen wieder aufbaut! Von Tempellästerung Jesu als Grund
seiner Verurteilung will er durchaus nichts wissen; s. zu 22, 66ss.
Zwischen den Schächern, die nach Mc. 15, 32 beide in das Geschmäh
gegen Jesus einstimmen, macht er einen Unterschied (23, 39—43),
wobei er ein Gespräch unter den drei Gekreuzigten sich entspinnen
läßt. Ὅταν ἔλθῃς ἐν τῇ β.σ (23, 42) heißt: wenn du kommst mit
deinem Reich (Mt. 16, 28. 21, 32); D interpretirt richtig: ἐν τῃ ἡμέρᾳ
τῆς ἐλεύσεώς (= παρουσίας) σου. Die vom Vaticanus vertretene
Lesart εἰς τὴν β.σ. ist, wenn nicht εἰς für ἐν steht, eine ganz
schlechte Korrektur, welche von der Meinung ausgeht, das Reich
Jesu bedeute ebensoviel wie das Paradis. Dies ist nicht der Fall;
vielmehr ist 23, 43 eine Überbietung von 23, 42. Nicht erst in dem
in unbestimmter Zukunft liegenden Reiche Gottes soll der reuige
Schächer (ich wage nicht zu verallgemeinern: man) selig werden,
sondern wie der arme Lazarus (16, 23) sofort nach dem Tode im
Paradise. Ich habe in 23, 43 die Lesart von D vorgezogen: θάρσει.

23, 44—47 (Mc. 15, 33—39). Den Ruf „mein Gott, warum
hast du mich verlassen" übergeht Lc mit dem Misverständnis, das
sich daran knüpft (Mc. 15, 33—36). Den lauten wortlosen Todes-
schrei (Mc. 15, 37) interpretirt er: Vater, in deine Hände usw.; vgl.
zu Mc. 1, 25. 26. Die Finsternis erklärt er durch eine Eklipse der
Sonne; den Ausspruch des Hauptmanns schwächt er ab und legt
ihm das jüdische δίκαιος in den Mund, das er öfters in der selben
Weise wie Mt für fromm gebraucht.

23, 48. 49 (Mc. 15, 40. 41). Die ὄχλοι erscheinen hier wiederum
wie in 23, 27. 35; ihre sympathische Haltung fällt sehr auf, vgl.

zu 23, 18. Auch alle Bekannte Jesu sind dabei; sie haben sich nicht zerstreut und aus dem Staube gemacht, wie bei Mc. Die Namen der Frauen nennt Lc in 23, 49 nicht, mit Rücksicht auf 8, 2. 3, wo er sie aber anders angibt als Mc (15, 41); vgl. 24, 10.

§ 89. 90. Lc. 23, 50-24, 11.

Und siehe ein Ratsherr namens Joseph, ein guter und gerechter Mann [51]— er war mit ihrem Beschluß und ihrem Handeln nicht einverstanden gewesen — [52]aus der jüdischen Stadt Arimathia, welcher auf das Reich Gottes wartete, [52]der ging zu Pilatus und bat ihn um den Leichnam Jesu, [53]und nahm ihn ab und wickelte ihn in feine Leinewand und setzte ihn bei in einem aus Stein gehauenem Grabe, wo bisher niemand bestattet war. [54]Und es war Freitag, und der Sabbat brach an. [55]Die Weiber aber, die mit ihm aus Galiläa gekommen waren, gingen nach und sahen sich das Grab an und wie sein Leichnam beigesetzt wurde; [56]darauf kehrten sie zurück und beschafften Gewürz und Myrrhen.

Und am Sabbat ruhten sie nach dem Gesetz; [24,1]am Sonntag aber mit Morgengrauen kamen sie zum Grabe mit den Gewürzen, die sie beschafft hatten. [2]Und sie fanden den Stein abgewälzt vom Grabe, [3]aber [als sie eintraten], fanden sie den Leichnam nicht. [4]Da sie nun darüber in Verlegenheit waren, standen auf einmal zwei Männer in leuchtendem Gewand bei ihnen, [5]die sagten zu ihnen, als sie erschreckt den Blick zur Erde senkten: Was sucht ihr den Lebenden bei den Toten? [6]Er ist nicht hier, er ist auferstanden. Erinnert euch, wie er noch in Galiläa zu euch geredet hat [7]und gesagt, der Menschensohn müsse in die Hand der Menschen übergeben und gekreuzigt werden und am dritten Tage auferstehn. [8]Da gedachten sie seiner Worte [9]und kehrten von dem Grabe zurück und berichteten dies alles den Elfen und allen Übrigen. [[10]Maria Magdalena und Joanna und Maria die Tochter des Jakobus und die übrigen Weiber mit ihnen sagten dies zu den Aposteln.] [11]Denen aber erschienen diese Worte als leeres Gerede und sie glaubten ihnen nicht.

23, 51 (bei Mc. 15, 42 fehlend) beugt der Vermutung vor, daß der Ratsherr an der Verurteilung Jesu teil genommen habe.

23, 52. Mc. 15, 44. 45 findet sich bei Lc nicht.

23, 53. Mc und Mt reden von einem in den Fels gehauenen Grabe. Der Ausdruck ἐν μνήματι λαξευτῷ (λελατομημένῳ D) bei Lc führt jedoch auf ein Grab von behauenen Steinen. Der Verschlußstein wird zwar in 24, 2 vorausgesetzt, an dieser Stelle aber nicht erwähnt. D ergänzt deshalb: und legte einen Stein darauf, den kaum zwanzig Männer wälzen konnten. Es fehlt nur noch: wie jetzt die Sterblichen beschaffen sind.

23, 54. Sachlich stimmt Lc (24, 2) zwar mit Mc und Mt darin überein, daß die Weiber des Morgens sehr früh zum Grabe kamen. Aber den Ausdruck τῇ ἐπιφωσκούσῃ (Mt. 28, 1) gebraucht er in 24, 2 nicht, sondern schon hier (23, 54) und versteht ihn nicht eigentlich vom Sonnenaufgang, sondern von dem offiziellen Anfang des vierundzwanzigstündigen Tages bei Sonnenuntergang. Auch in der liturgischen Sprache der Syrer kommt der Ausdruck in dieser Bedeutung vor.

23, 56. Da das Beschaffen (d. h. Kaufen) der Aromata doch am Sabbat geschah, so stimmt dazu die folgende Angabe nicht recht, daß die Frauen am Sabbat ruhten. Anders Mc. 16, 1.

24, 1—3 (Mc. 16, 1—4). Mit Recht führt Lc (24, 1) nicht, wie Mc (16, 1), ein neues Subjekt ein, sondern beläßt das alte, die vorher genannten Frauen. Aber so viele Frauen konnten nicht in das Grab hineingehn, bei Mt und ursprünglich wol auch bei Mc sind es nur zwei, die beiden Marien. D setzt in 23, 55 die Menge der Weiber auf zwei herab, aber das ist eine Korrektur, die der überall deutlich hervortretenden Vorstellung des Lc widerspricht. Vermutlich ist vielmehr εἰσελθοῦσαι (24, 3) eine alte Interpolation; vom Herausgehn (Mc. 16, 8) ist auch hinterher bei Lc nicht die Rede. Dann wäre die Szene mit den Engeln bei Lc nicht innerhalb des Grabes zu denken.

24, 4—8 (Mc. 16, 5—7). Der eine Engel bei Mc und Mt hat sich bei Lc in zwei Engel verwandelt. Sie erinnern die Frauen an die allgemeine und öfters wiederholte Weissagung vom Sterben und Auferstehn Jesu, nicht aber an die spezielle Mc. 14, 28, daß er den Jüngern nach Galiläa vorausgehn werde. Diese Weissagung wird überall von Lc mit Stillschweigen übergangen, ebenso wie ihre Voraussetzung, die Flucht der Jünger nach Galiläa. Er meint und betont vielmehr, daß die Jünger nicht geflohen, sondern in Jerusalem geblieben seien und dort den Auferstandenen gesehen haben.

24, 9—11 (Mc. 16, 8). Auch in 24, 10 sind nicht bloß die drei mit Namen aufgeführten Frauen (Joanna ist das Weib des Chuza 8, 3) dabei, sondern noch mehrere andere. Indessen ist der Vers auffällig nachgetragen, für den Zusammenhang nicht bloß entbehrlich, sondern störend, und also wol interpolirt. Während die Frauen bei Mc trotz dem Befehl des Engels keinem etwas sagen, verkünden sie bei Lc den Aposteln und allen Jüngern, was sie gesehen haben. Den apokryphen Vers 12 hat schon die Syra S; vgl. 24, 24.

Bis hierher schimmert der Bericht des Mc sowol bei Lc als bei Mt ganz deutlich durch. Von da an gehn sie völlig aus einander und lassen sich nicht mehr vergleichen, weil die gemeinsame Vorlage aufhört. Sie endigt mit Mc. 16, 8; darüber hinaus haben weder Lc noch Mt weiteres bei Mc vorgefunden.

Lc. 24, 13–35.

Am selbigen Tage aber wanderten zwei von ihnen in ein Dorf namens Emmaus, sechzig Stadien von Jerusalem entfernt, [14]indem sie sich besprachen über alle diese Begebenheiten. [15]Und während sie sich besprachen und mit einander stritten, kam Jesus selber heran und wanderte mit ihnen: [16]ihre Augen aber waren geschlossen, so daß sie ihn nicht erkannten. [17]Und er sprach zu ihnen: was für Gegenreden führt ihr da im Gehen unter einander? Und sie blieben stehn mit trübseligem Gesichte. [18]Der eine aber, mit Namen Kleopas, erwiderte ihm: bist du der einzige, der in Jerusalem sich aufhält und nicht weiß, was dort in diesen Tagen geschehen ist? [19]Und er sagte: was denn? [Sie sagten:] Das von Jesus dem Nazoräer, einem Propheten mächtig in Tat und Wort vor Gott und allem Volk, [20]wie ihn unsere Hohenpriester und Oberen übergeben haben zur Todesstrafe und man ihn gekreuzigt hat — [21]während wir hofften, er sei der, der Israel erlösen wird. Überdies aber ist heute der dritte Tag, seitdem dies geschehen ist, [22]und noch dazu haben uns einige unserer Weiber aufs äußerste erregt, die heute früh beim Grabe gewesen sind [23]und sagen, sie hätten eine Erscheinung von Engeln gehabt, welche sagten, er lebe. [24]Und einige von den Unseren sind zum Grabe gegangen und haben es so gefunden, wie die Weiber sagten; ihn selbst aber haben sie nicht gesehen. [25]Und er sprach zu ihnen: Ihr Un-

verständigen, träge zu glauben alles was die Propheten geredet
haben — [26]mußte nicht der Christus also leiden, um in seine
Herrlichkeit einzugehn! [27]Und anfangend mit Moses und allen
Propheten legte er ihnen das über ihn in den Schriften Ge-
sagte aus. [28]Und da sie vor dem Dorfe anlangten, wohin sie
gehn wollten, stellte er sich, als wollte er weiter gehn. [29]Und
sie nötigten ihn und sagten: kehr mit uns ein, denn es ist
gegen Abend und der Tag hat sich geneigt. Und er trat ein,
um mit ihnen einzukehren. [30]Und als er mit ihnen zu Tisch
saß, nahm er Brot, sprach den Segen und brach und reichte
es ihnen. [31]Da gingen ihnen die Augen auf und sie erkannten
ihn: er aber verschwand vor ihnen. [32]Und sie sagten einer
zum andern: brannte uns nicht das Herz im Leibe, wie er
mit uns unterwegs redete, wie er uns die Schrift aufschloß?
[33]Und sie brachen zur selben Stunde auf und kehrten zurück
nach Jerusalem. Und sie fanden die Elf und die Anderen
zusammen [34]sagend: der Herr ist wahrhaftig erstanden und
dem Simon erschienen. [35]Und sie erzählten, was sie auf dem
Wege erlebt und wie sie am Brotbrechen erkannt hatten.

24, 13 Am selbigen Tage, d. h. am Auferstehungssonntag,
soll für alles Folgende gelten, bis zum Schluß des Kapitels. Die
Jünger sind auch nach Mc. 16. Mt. 28 nicht schon am Freitag geflohen, sondern erst am Auferstehungstage in Jerusalem, gehn aber
auf ausdrücklichen Befehl nach Galiläa, um dort den Auferstandenen
zu sehen. Bei Lc ist aber jeder Rest der alten Tradition ge-
schwunden; der Auferstandene erscheint den Jüngern nicht in Galiläa nach mehreren Tagen, sondern in Jerusalem am selben Tage.
Bei Mt ist diese Vorstellung allerdings in 28, 9 eingedrungen,
jedoch im Widerspruch zu allem Übrigen. — Emmaus ist nicht
das jetzige Amvâs, das zu weit ab liegt, aber vielleicht identisch mit
dem in Joseph. Bell. 7, 217 erwähnten Ammaus, wo Vespasian acht-
hundert Veteranen ansiedelte. Diese römische Kolonie hat nach Sepp
dem Orte Kulonie den Namen gegeben, der an der Straße von Jerusalem
nach Westen liegt und nach Socin 45 Stadien von der Stadt entfernt
ist. Josephus gibt 30 Stadien an, Lucas 60. D sagt Ουλαμμους,
sucht also Emmaus nach Gen. 28, 19 in Bethel. Interessant dabei
ist die Übereinstimmung mit dem s. g. Lucian. Denn dort heißt es
Ουλαμμαους für Ουλαμλουζ Gen. 18, 19 und für Ουλαμλαις Jud. 18, 29.
Freilich ist die Korruption nicht gerade bezeichnend für Lucian.

24, 14, 15. Καὶ αὐτοί und καὶ αὐτός ist auch hier in D beseitigt.

24, 16. Κρατεῖν ist das aram. אחד, und dies bedeutet schließen, vgl. den Gegensatz in 24, 31.

24, 18. Kleopas ist Abkürzung von Kleopater und hat mit Alphäus nichts zu tun.

24, 19. 20. Das Volk (24, 19) erscheint auch hier sympathisch und nur die Oberen (24, 20) haben die Schuld. Vgl. zu 23, 18. 48 s.

24, 21. Über die Auffassung der Erlösung durch den Messias s. zu 21, 28. Zu σὺν πᾶσιν τ. vgl. 16, 26.

24, 22—24 ist ein Nachtrag, vgl. zu 24, 34.

24, 26. Der beigeordnete Infinitiv hat in der Tat finale Bedeutung; Jesus muß sterben, um der himmlische Messias zu werden.

24, 27. Ἀρξάμενος bezieht sich eigentlich nur auf Moses und ist zeugmatisch mit den Propheten verbunden.

24, 30. Das Brotbrechen (von Wein ist keine Rede) ist hier nur die Fortsetzung der gemeinsamen Mahlzeit mit dem Meister über seinen Tod hinaus. Es hat nichts zu tun mit dem historischen Abendmahl, das ja auch nach Lc erst im Reich Gottes wiederholt werden soll. Vgl. den Kommentar zu Mc p. 124 s. Man kann sagen, daß hier von Jesus selber die Grundlage des christlichen Kultus gelegt wird, die darin besteht, daß seine Jünger auch nach seinem Tode die Tischgemeinschaft mit ihm festhalten und ihn beim Brotbrechen als anwesend betrachten.

24, 32. Für einander gebraucht D öfters das Reflexiv, das ist vermutlich echt. Unser Herz brannte entspricht dem biblischen נבמרו רחמי. Für καιομένη (jaqid) steht in der Syra S. jaqir (βαρεῖα). Die Verwechslung erklärt sich im Aramäischen leicht, ist aber vielleicht nicht erst in der Syra S. entstanden, da sie schon der armenischen und der oberägyptischen Version zu grunde liegt, von denen wenigstens die letztere schwerlich von der syrischen abhängig sein kann. Blaß retrovertirt jaqir in βεβαρημένη und bringt das zusammen mit (καρδία) κεκαλυμμένη in D und mit (cor) excaecatum, exterminatum, obtusum in drei alten Latinae. Die einzig richtige Lesart ist καιομένη.

24, 33. Die beiden Jünger geben ihren Vorsatz auf, die Nacht über in Emmaus zu bleiben (24, 29), und kehren sofort um nach Jerusalem, wo sie die anderen noch spät am Abend versammelt finden.

24, 34. 35. Der Akkusativ λέγοντας liegt nicht im Wurfe und wird auch durch καὶ αὐτοί nicht bestätigt, welches bei Lc niemals ihrerseits heißt; es hätte der Nominativ übersetzt werden müssen, der im Aramäischen hier nicht vom Akkusativ unterschieden werden kann. — Daß Jesus (zuerst) dem Simon erschienen ist, entspricht zwar der Wahrheit, aber ganz und gar nicht der Erzählung in 24, 1—12. Also ist diese in Wahrheit nicht die Voraussetzung der Emmausgeschichte, und die Verse 24, 22—24 sind eingetragen. Sie lassen sich leicht ausscheiden.

Lc. 24, 36–53.

Während sie davon redeten, stand er selbst unter ihnen. [37]Sie aber, verschüchtert und bestürzt, glaubten einen Geist zu sehen. [38]Und er sprach zu ihnen: was seid ihr verwirrt und warum steigen euch Gedanken auf? [39]seht meine Hände und Füße, daß ich es bin; betastet und seht mich, denn ein Geist hat weder Fleisch noch Bein, wie ihr es an mir seht. [41]Da sie aber noch ungläubig waren vor Freude und staunten, sagte er: habt ihr etwas zu essen hier? [42]Und sie reichten ihm ein Stück gebratenen Fisch, und er nahm und aß es vor ihren Augen. [43]Und er sprach zu ihnen: das ist es, was ich zu euch gesagt habe, da ich noch bei euch war, es müsse alles erfüllt werden, was im Gesetze Moses' und in den Propheten und in den Psalmen über mich geschrieben steht. [45]Darauf öffnete er ihnen den Sinn, die Schriften zu verstehn und sagte ihnen: [46]So steht es geschrieben, daß der Christus leidet und von den Toten aufersteht am dritten Tage. [47]Und es soll auf meinen Namen Buße zur Vergebung der Sünden gepredigt werden allen Völkern, von Jerusalem angefangen. [48]Ihr seid Zeugen davon. [49]Und ich lasse meines Vaters Verheißung über euch ausgehn; bleibt in Jerusalem, bis ihr mit Kraft aus der Höhe ausgestattet werdet!

[50]Er führte sie aber hinaus nach Bethania und erhub die Hände und segnete sie, [51]und indem er sie segnete, war er von ihnen geschieden. [52]Und sie kehrten nach Jerusalem zurück voll Freude und waren allezeit im Tempel und lobten Gott.

24, 36. In 24, 29 ist es schon Abend, dann essen die Jünger von Emmaus mit Jesu zu Nacht, gehn darauf einen Weg von sechzig Stadien zurück nach Jerusalem, um Bericht zu erstatten — und nun wird ihr Bericht noch in der selben Nacht durch den leibhaftigen Jesus bestätigt. Wozu ist er denn überhaupt zuerst nur den beiden Jüngern erschienen, wenn er gleich darauf auch allen anderen erscheinen wollte? Die Emmausgeschichte ist ursprünglich gewiß kein bloßes Vorspiel, und sie wird in 24, 36 ss. eigentlich nicht vorausgesetzt. Eine innere Einheit der verschiedenen Erzählungen in Kap. 24 besteht nicht; sie drängen sich einander in der zeitlichen Einheit eines und des selben Tages.

24, 38. Über die Lesart Gespenst (D) für Geist s. zu Mc. 6, 49.

24, 37. Die Redensart Gedanken steigen auf im Herzen oder ins Herz ist jüdisch-aramäisch.

24, 39. Jesus wird nicht am Gesicht erkannt, sondern an Händen und Füßen. Diese sind aber nicht etwa durchlöchert; vgl. vielmehr die Reste arab. Heidentums (Berlin 1897) p. 206.

24, 41. 42 ist die Vorstufe von Ioa. 21, 5. 10. ’Απὸ τ ς χαρᾶς erinnert an ἀπὸ τῆς λύπης in 22, 45.

24, 44. Οὗτοι οἱ λόγοι = das Geschehene entspricht dem früher von mir Gesagten. Zu Gesetz und Propheten als Bezeichnung des jüdischen Kanons werden nur an dieser Stelle die Psalmen hinzugefügt.

24, 47 entspricht in der Form (auf meinen Namen) der Lesart des Eusebius in Mt. 28, 19; die Ausdehnung der Mission auf die Heiden findet sich bei Mt ebenso. Die Aussage kann übrigens nicht mehr von οὕτως γέγραπται abhängen. Vielmehr ist καὶ κηρυχθῆναι ein selbständiger Infinitiv mit Lamed in jussivischer Bedeutung (Syra S.); dazu paßt dann auch ἀρξάμενοι besser, wofür D ἀρξαμένων korrigiert. Aus der irrigen syntaktischen Auffassung von κηρυχθῆναι erklärt sich das ἐπὶ τῷ ὀν. αὐτοῦ, die Syra S. hat: auf meinen Namen.

24, 48. Hier ist ein Absatz, die Jünger werden in zweiter Person angeredet. Das τούτων bezieht sich natürlich nicht auf 24, 47, sondern ist unabhängig davon und bedeutet allgemein: die jetzt geschehenen Dinge, Tod und Auferstehung.

24, 49. In D heißt es nicht „die Verheißung des Vaters“, sondern meine Verheißung. Blaß zensirt das mit male. Indessen,

wenn Jesus den heiligen Geist sendet, so kann er ihn auch ver-
heißen haben. Das Für und Wider hält sich die Wage. Ursprünglich ist der h. Geist der Geist Jesu, der bei der Gemeinde bleibt,
nachdem der Leib geschieden ist (Joa. 20, 22). Er wird im Koran
gradezu mit Jesus identifizirt, und das ist keine Erfindung Muhammeds. Auch Paulus sagt: der Herr ist der Geist. Die gewöhnliche Lesart τοῦ πατρός μου scheint die Varianten πατρός und
μοῦ zu verbinden. — Der den Jüngern gegebene Befehl, in Jerusalem zu bleiben, widerspricht ausdrücklich dem Befehl bei Mc
und Mt, sie sollten nach Galiläa gehn.

24, 50—53. Es mag wol sein, daß die Himmelfahrt nach der
ursprünglichen Vorstellung noch am Auferstehungstage erfolgte.
Aber aus dem Zusammenhang dieser Verse mit dem Vorhergehenden
folgt es nicht, denn dieser Zusammenhang ist ganz künstlich (s. zu
24, 36). Es müßte darnach entweder tiefe Nacht oder der folgende
Morgen sein; an beides wird nicht gedacht und der folgende Morgen
würde auch keinesfalls noch zum Auferstehungstage gerechnet
werden können. Bethania erscheint nur hier bei Lc, abgesehen
von der gleichgiltigen Erwähnung in 19, 29. Daß die Worte καὶ
ἀνεφέρετο εἰς τὸν οὐρανόν am Schluß von 24, 51, die im Sinaiticus
und in D, desgleichen in der Syra S. und in einigen Veteres
Latinae fehlen, aus Rücksicht auf die Apostelgeschichte ausgelassen
seien, glaube ich nicht. Ebenso halte ich προσκυνήσαντες αὐτόν in
24, 52 für einen unechten Zusatz, trotz dem Vaticanus und dem
Sinaiticus.